Koeder
Studieren lernen

Studieren lernen

Selbstmanagement für Studienanfänger

von

Prof. Dr. Kurt W. Koeder

6., vollständig überarbeitete Auflage

Verlag Franz Vahlen München

Prof. Dr. phil. **Kurt W. Koeder** ist Seniorprofessor an der Hochschule Mainz und lehrt HR-Management. Er beschäftigt sich dabei bereits seit vielen Jahren auch intensiv mit studienmethodischen Fragestellungen in Lehre und Forschung.

ISBN Print: 978-3-8006-5997-5
ISBN E-Book: 978-3-8006-5998-2

© 2019 Verlag Franz Vahlen GmbH, Wilhelmstr. 9,
80801 München
Satz: Fotosatz Buck
Zweikirchener Str. 7, 84036 Kumhausen
Druck und Bindung: Beltz Grafische Betriebe GmbH
Am Fliegerhorst 8, 99947 Bad Langensalza
Umschlaggestaltung: Ralph Zimmermann – Bureau Parapluie
Bildnachweis: © noci, © mrgao (beide depositphotos.com)
Gedruckt auf säurefreiem, alterungsbeständigem Papier
(hergestellt aus chlorfrei gebleichtem Zellstoff)

Zur Einstimmung:

Einige Aphorismen zum Thema Studieren und Lernen

„Lernen ist wie Rudern gegen den Strom.
Sobald man aufhört, treibt man zurück."
(B. *Britten*)

„Es ist keine Schande nichts zu wissen,
wohl aber nichts lernen zu wollen."
(*Sokrates*)

„Ein anderes Vergnügen, als das zu lernen, lass ich nicht gelten."
(F. *Petrarca*)

„Zum steten Lernen bleibt auch das Alter jung."
(*Aischylos*)

„Unermüdliches Bemühen, das ist Studium."
(S. *Motokyo*)

„Sinnvolles Lernen involviert den Erwerb von Bedeutungen,
und neue Bedeutungen sind umgekehrt das Produkt sinnvollen Lernens."
(D. B. *Ausubel*)

„Etwas lernen und mit der Zeit darin immer geübter zu werden,
ist das nicht auch eine Freude?"
(*Konfuzius*)

Vorwort zur 6. Auflage

Die Erfahrungen über viele Jahre mit Studierenden, insbesondere mit Studienanfängern sowie die Erkenntnisse aus zahlreichen Vorträgen an Schulen zum Thema „Studieren lernen" und aus einer seit drei Jahrzehnten durchgeführten studienpropädeutischen Veranstaltung „Studienmethodik/ wissenschaftliches Arbeiten" sowie sehr viele Gespräche mit Studieneinsteigern zeigen sehr deutlich, dass ein Hauptproblem in der Studieneingangsphase darin besteht, die mit einem Studium verbundenen Arbeiten und Aufgaben so zu koordinieren, dass sich schon frühzeitig die Motivation für ein Studium und ein entsprechender Starterfolg einstellen können. In diesem Zusammenhang fällt meist sehr deutlich auf, wie defizitär das Anfängerwissen und die studentischen Fähigkeiten sind, die eigene Lernarbeit ohne die lenkende Hand der Schule/Lehrer zu systematisieren und so zu koordinieren, dass die Voraussetzungen für effektives Studieren/geistiges Arbeiten gewährleistet werden. Defizite lassen sich dabei insbesondere im Bereich der Studierfähigkeiten, wie z. B. selbständige Studiengestaltung, Beherrschung wissenschaftlicher Arbeitstechniken, Zuhören, Mitschreiben, Lesen fachwissenschaftlicher Literatur, Arbeiten in Lerngruppen, Strukturierung von Wissen, u. v. m. beobachten, ferner mit Besonderheiten des Hochschullernens. Professoren erwarten insbesondere, so eine Studie des CHE Centrum für Hochschulentwicklung, z. B. abstraktes, logisches, analytisches und strukturiertes Denkvermögen, selbständiges, selbstorganisiertes und diszipliniertes Lernen und Arbeiten sowie hohe Lern- und Einsatzbereitschaft, ferner Neugierde und Ausdauer.

„Die Weisheit besteht darin, dass man gelernt hat zu lernen", so formulierte es schon *Berthold Brecht*. Dieses Buch möchte Ihnen beim Lernen, beim Studieneinstieg und während des Studierens einige anwendungsbezogene Denkanstöße organisatorischer, lernpsychologischer und auch pädagogischer Art bieten. Die Hauptarbeit hierzu müssen Sie aber selbst einbringen, denn Lernen/Studieren ist Arbeit, erfordert von Ihnen Fleiß, Energie, Engagement und Anstrengungen, um die verschiedensten Wissenschaftsgebiete kennenzulernen und zu erschließen sowie später zu beherrschen. Gerade in Bachelor- und Masterstudiengängen kommt noch ein besonderer Druck durch z. B. 4–6 geforderte Klausuren pro Semester dazu und die Regelung, dass eine Leistung nur zweimal wiederholt werden darf.

Studieren kann aber auch großen Spaß machen und Sie für Neues auch außerhalb des Lerngebietes motivieren und interessieren. Ihr Studium muss Ihnen ferner Freude machen, Interesse und Motivation vermitteln und Identifikation erzeugen. Dabei sind insbesondere Interesse und Neugierde wichtige Ressourcen für Studierfähigkeit, Studienzufriedenheit und Studienerfolg. Finden Sie hierzu frühzeitig eine ausgewogene Balance zwischen Ihren persönlichen Lebensbereichen und Ihrem Studium.

Halten Sie sich an eine Aussage von *Wilhelm von Humboldt*, der vor über 150 Jahren folgenden Satz prägte: *„Der Schüler ist reif, wenn er so viel bei anderen gelernt hat, dass er nun für sich selbst zu lernen im Stande ist."*

Der **Text dieses Buches** lebt einerseits von inhaltlichen Redundanzen, denn die Wiederholung des Gelesenen ist ein wichtiges Lernprinzip und nur durch mehrmaliges Wiederholen von Tatbeständen und Erkenntnissen bleiben diese im Gedächtnis haften und finden Beachtung. Halten Sie es mit diesem lateinischen Satz: **„Repetitio est mater studiorum**", die Wiederholung ist die Mutter des Studierens", dessen Ursprung dem römischen Dichter *Horaz* zugesprochen wird. Andererseits lebt das Buch von Lebensweisheiten namhafter Persönlichkeiten zu einzelnen Tatbeständen, zur Verstärkung und geistigen Erhellung vieler Textabschnitte.

Ferner steht hinter mehreren Kapiteln der Zusatz **„für Schnellleser**". Dies ist Wiederholung in kurzer Form dessen, was in diesem Kapitel ausführlicher beschrieben wurde und dient den Studierenden, die hierzu schon Erfahrungswissen mitbringen, als Erinnerung und als Merkhilfe bei mehrmaligem Lesen und zur Auffrischung. Ebenso sind eine Vielzahl von **„Merkehinweisen**" ausgewiesen, die Wesentliches zusammenfassend ausdrücken und nochmals pointiert Wichtiges wiederholen.

Für die Unterstützung zu diesem Buch danke ich besonders vielen Kolleginnen und Kollegen von Universitäten und Hochschulen sowie aufmerksamen Studierenden, die mir sehr häufig in Lehrveranstaltungen mündlich und schriftlich Anregungen und Hinweise für die didaktische Gestaltung dieses Buches sowie seiner Vorauflagen unter dem Titel „Studienmethodik – Selbstmanagement für Studienanfänger" gaben. Die vorliegende kürzere Fassung ist mit wichtigen studienvorbereitenden und ein Studium bestimmenden Aufgaben angereichert. Mein Dank gilt auch meinen Kindern, Nina Schubert und Dr. Tobias Koeder, sowie Jonas Simon, einem Mitarbeiter, die mir aus Ihrer Studienzeit wesentliche Tipps und Hilfestellungen boten.

Ich wünsche mir von den interessierten Lesern dieses Büchleins kritisches Feedback, nur so können Sie helfen, Mängel zu korrigieren und zu beseitigen.

Ingelheim/Mainz im August 2019 *Kurt W. Koeder*

Inhaltsverzeichnis

1

Vom schulischen Lernen zum Hochschullernen – einige Denkanstöße und Anregungen

Wir leben in einer Zeit der Globalisierung, Internationalisierung, Digitalisierung und des schnellen und permanenten Wandels (Change) sowohl gesellschaftlich, wirtschaftlich und derzeit insbesondere technologisch. Dies gilt vor allem für das Berufsleben und bedeutet für jeden, der für die zukünftigen beruflichen Aufgaben gerüstet sein will, lebenslanges Lernen und Studieren.

Hinter dem lateinischen Wort „studere" steckt so viel wie sich bemühen, sich anstrengen. Studieren an einer Hochschule oder Universität kann daher definiert werden als sich um Wissen eines Fachgebietes bemühen, unter Anwendung wissenschaftlicher Instrumente und Methoden. Studieren heißt aber immer auch Lernen, allerspätestens vor den Klausuren.

Für Sie als Studienanfänger ist es wichtig, dass Sie recht schnell das schulische Lernen, das für den bisherigen Wissenserwerb Anwendung fand, ergänzen, vertiefen bzw. weiterentwickeln. Dies soll jetzt kein Werturteil gegen irgendeine Unterrichtsmethode sein, denn verschiedene Lehr- und Lernmethoden, die dem schulischen, klassenorientierten Unterricht angemessen waren, werden im Studium zum Teil beibehalten und auch von anderen und zusätzlichen Methoden der Wissensvermittlung und -aneignung abgelöst, erweitert bzw. um andere ergänzt.

Hier einige erste wichtige **methodisch-didaktische (pädagogische) Unterschiede** zwischen dem schulischen Lernen und dem Hochschullernen:

- Stark lenkende Hand des Lehrers an der Schule entfällt bzw. wird zurückgefahren auf Fragen an die Assistenten/innen des jeweiligen Lehrstuhls, möglicher Besuch von Sprechstunden bei Professoren/innen;
- Lehrer an der Schule sind inhaltlich in der Bringschuld, Studierende müssen auch viel „selbst liefern" und Neues erarbeiten;
- Studienplanung, -organisation und Studientempo sowie die Organisation des Studierens liegen in der Hand jedes Einzelnen;
- Didaktik (Inhalte) des Studienfaches steht vor dem pädagogisch-erzieherischen Aspekt, andere und neue methodische Aspekte in der Wissensvermittlung kommen hinzu;
- „lockerer Zwang" – meist keine Anwesenheitspflicht – Lehrveranstaltungen besuchen zu müssen (erfordert gerade zum Studieneinstieg hohe Selbstdisziplin für den Einzelnen);
- Studienfachbestimmung nach Eignung, Interesse und Neigungen (in Abhängigkeit vom Numerus Clausus) und auch ein Stück weit nach Wissensverwertung;
- Keine Hausaufgaben, keine Tests zwischendurch – Verantwortung für die Selbstkontrolle des Lern-/Studienfortschrittes liegt bei Ihnen (Überprüfungspflicht);
- Lernfortschrittsprüfungen am Ende des Semesters (Klausurwoche) – Leistungsnachweise, z. B. in Form einer Vielzahl von Einzelnachweisen

wie Klausuren, einer Hausarbeit, einer Präsentation oder einer mündlichen Prüfung;

- In Bachelor- und Masterstudiengängen sind Leistungsnachweise in oftmals 4–8 Fachgebieten je Semester vorgeschrieben;
- Eine Leistung (z. B. Klausur) im gleichen Fachgebiet kann in vielen Studiengängen z. B. nur zweimal wiederholt werden, danach bei Nichtbestehen Zwangsexmatrikulation;
- Vorgabe einer Vielzahl von Fachliteratur für jedes einzelne Fachgebiet (Literaturempfehlungen);
- Selbstbestimmung der Selbstlernphasen mit intensivem Selbststudium (selbstständiges Lernen und Studientechniken erwerben)
- Große Anzahl an Studierenden in den Vorlesungen an den Universitäten, hohe Anonymität, keine Klassenstruktur außer in Studienschwerpunkten im späteren Verlauf Ihres Studiums; Klassenstruktur an vielen (Fach-)Hochschulen durch Aufteilung der Erstsemesterstudierenden in Studiengruppen mit 40–60 Teilnehmern.
- Studierende sind für die Organisation des Studiums und für die Beschaffung der notwendigen Studieninformationen selbst verantwortlich;
- Die lehrenden Professoren/innen kennen die Namen ihrer Studierenden ganz selten (Mengenproblem sowie Personenwechsel nach einsemestriger Vorlesung), da auch wenige persönliche Kontakte vorliegen. Ferner stehen oft auf den Klausuren nur die Immatrikulationsnummern;
- Verschiedene allgemeinbildende Fächer aus der Schule entfallen zugunsten ausgewählter Fachgebiete des jeweiligen Studienganges;
- Die insgesamt ca. 5 Monate vorlesungsfreie Zeit dient natürlich auch der Regeneration und Erholung, aber auch zur Durchführung von z. B. Praktika, Sprachkursen, Fachrepetitorien, Hausarbeiten, Präsentationen, usw.;
- Bildung von Lerngruppen zur regelmäßigen Wiederholung der Vorlesungsinhalte, der Lösung von Fallstudien, der Vorbereitung von Präsentationen etc. Beherzigen Sie den Grundsatz: **Gemeinsam statt einsam**, die Bildung einer WhatsApp-Gruppe „Lerngruppe" ist hier unbedingt ratsam.

Die frühzeitige Erkenntnis dieser neuen und teilweise veränderten auch pädagogischen Gegebenheiten des Lernens im Hochschulstudium und die Nutzung der daraus ableitbaren ersten Anregungen und Hinweise sind wichtig für eine gute Vorbereitung des Studieneinstiegs und die Planung des Studienprozesses.

Daneben gilt es einige **individuell geprägte Besonderheiten** für die Phase des Übergangs in ein Studium zu bedenken. Diese resultieren aus dem gleichzeitigen Zusammentreffen von z. B.

- fachlich-intellektuellen Herausforderungen durch den gewählten Studiengang,

- persönlichkeitsspezifischer Gegebenheiten und

- veränderter psychosozialer Verhaltensanforderungen wie Rollentausch – vom Schüler zum Studierenden – mögliche Ablösung vom Elternhaus, auf eigenen Beinen stehen, finanzielle Herausforderungen.

sowie der Frage, wie gut Sie sich auf ihr Studium auch durch die Schule und das Leben vorbereitet fühlen. Dabei werden von den Hochschulen immer wieder Qualifikationen gewünscht, wie z. B. Allgemeinwissen, Fähigkeiten im Fach Deutsch (Rechtschreibung und Grammatik), Textverständnis und Ausdrucksfähigkeit, Beherrschung wissenschaftlicher Arbeitstechniken/-methoden, Fähigkeit zur selbstständigen Studiengestaltung, zum eigenständigen Aneignen von Fachwissen, zum Arbeiten in Gruppen, Fähigkeiten wie argumentieren und diskutieren, Nutzung des Internets für das Studienfach, systematische Recherche oder das Arbeiten mit spezieller Software. Die wichtigste Ressource für Ihre Studierfähigkeit und die Studienzufriedenheit ist aber **Interesse und Neugierde** am Studienfach.

Ferner fordert das Lernen an einer Universität/Hochschule, selbst bei stark strukturierten Studiengängen ein hohes Maß an Selbststeuerung, Eigeninitiative und Eigenmotivation. Selbstorganisation ist gefragt, sich in einem neuen Umfeld zurechtzufinden und ein eigenständiges Alltagsleben zu gestalten sowie das Eintauchen in die „soziale Welt der Universitäten und Hochschulen" und deren akademisches Milieu. Übergangskompetenzen gilt es auf- und auszubauen.

Und noch eins ist zu berücksichtigen: Die Schwierigkeit der Wahl eines Studienganges oder einer Hochschule/Universität steigt ständig. Dies ist u. a. auf die erhöhte Anzahl an Hochschulen und Universitäten auch in Deutschland zurückzuführen und die ständige Erhöhung der Zahl der Studiengänge. Die Vielfalt ist größer geworden, das Studienangebot reicher, aber auch komplexer und unübersichtlicher. Ferner fallen die Zulassungsbestimmungen und -begrenzungen an den einzelnen Studieneinrichtungen immer unterschiedlicher aus. Hinzu kommen noch die Möglichkeiten des Studiums im Ausland bzw. einiger Semester dort. Damit wachsen die Orientierungsaufgaben für Sie im Vorfeld der Studienentscheidung, auch dies gilt es in die Gestaltungsüberlegungen der Studieneingangsphase einzubeziehen.

Wie sagte schon der Philosoph und Theologe *Thomas von Aquin*:

„Der Mensch findet die größte Freude in dem, was er selbst neu findet oder hinzulernt".

Erste Folgerungen hieraus – für den Studieneinstieg – zur Kompensation diverser aufgezeigter Unterschiede und Defizite sowie das Instrumentarium zu ihrer Bearbeitung, sind z. B. bereits in den zwischenzeitlich gängigen Aktivitäten für die Studieneingangsphasen an sehr vielen Universitäten und Hochschulen zu finden, an dieser Stelle vorab kurzgefasst, z. B.:

- **Vorinformation und Vorbereitungsaktivitäten** vor Beginn des Studiums, z. B. Tage der offenen Tür, Schnupperstudium, Teilnahme an Lehrveranstaltungen der Hochschule, Orientierungswoche, Kontaktmessen etc. Ratsam sind vorher auch Gespräche mit „Altstudierenden", denn diese haben oftmals eine ganz andere Sichtweise als Lehrende oder Studienberater/innen

- **Allgemeine und fachbezogene Studienberatung**, Studieninformationen gedruckt oder digital (Sichtung von Internetauftritten) und interaktiv (Gespräche)

- **Zusätzliche Angebote zum Studienanfang** begleitend zum Einstieg in das Studium wie Orientierungsangebote, Studienanfängertutorien, Ralleys/"Meet the Prof.", Computerkurse, AStA-Angebote für Erstsemesterstudierende („Erstis"), Schreibwerkstätten, u. v. m.

Denken Sie daran, die Zeit des Suchens und des sich Findens ist für das Studium etwas Kostbares. Folgerungen, wie eine frühzeitige umfassende Information und Erkundung des Studiengangs, der Studieninhalte, des Hochschulstandortes mit seinen zahlreichen Fachbereichen und Bibliotheken und deren Besonderheiten sowie Hörsälen, Mensen, Studi-Treffs, Einführungsinformationen und -veranstaltungen für Erstis, Gespräche mit Studierenden höherer Semester, mit Vertretern des allgemeinen Studierendenausschusses (AStA) usw. drängen sich geradezu auf. Sie helfen bei der Bewältigung dieser methodisch-didaktischen, pädagogischen Unterschiede und den persönlichen Herausforderungen und Veränderungen.

Der Weg zu den Gipfeln einer Karriere in Wissenschaft und Praxis ist sehr schmal, oftmals dornig und entbehrungsreich. Unterschätzen Sie diesen nicht, aber lassen Sie sich nicht Ihren Optimismus nehmen. Beherzigen Sie einfach die studienvorbereitenden und -begleitenden Anregungen in diesem Buch, die zunächst noch nicht zu den Gipfeln, aber zu den Hügeln einer Studiendisziplin/ Wissenschaft führen.

Studien-motivation und Studienerfolg

Welche Faktoren sind nun für die Aufnahme eines Studiums (Studienwahlmotive) und letztendlich auch für den Studienerfolg ausschlaggebend?

Die Motivation für ein Studium und ein Studienfach wird von der **Leistungsfähigkeit** bestimmt, die die verschiedensten Eigenschaften und Qualifikationen des Studierenden zum Ausdruck bringt. Wichtig sind hierbei z. B. Interesse, Neigung, Eignung/Qualifikation, Neugierde, Freude an der Sache und von der **Leistungsbereitschaft**. Deren Ursprung liegt hauptsächlich im Umfeld des Studierenden und beeinflusst in nicht unerheblichem Maße dessen Leistungsverhalten.[1]

Einzelmotive für die Studienaufnahme und den Studienerfolg sind somit intrinsischen und extrinsischen Ursprungs:

Leistungsbereitschaft
Extrinsische Faktoren, z. B.

- Art und Komplexität der Studienaufgaben und des Studienfaches
- Arbeits- und Lernmethodik (Studienmethodik)
- Identifikation mit dem Studienfach und dem Hochschulort
- Professoren/innen (Lehrstil, Lehrformen)
- Berufliche Verwertbarkeit des Studiums
- Hochschulatmosphäre und -klima
- familiärer Rückhalt und finanzielle Sicherheit, Freunde und Bekannte
- Studieneinstellung (Wertesystem), Image eines Studiums (akademische Ausbildung)

Leistungsfähigkeit
Intrinsische Faktoren, z. B.

- Sozialisation und Erbfaktoren
- Kenntnisse (z. B. gymnasiale Vorbildung, Berufserfahrung, Sprachkenntnisse)
- Grundfähigkeiten wie z. B. logisches Denken, Kreativität, Auffassungsgabe, Neugierde
- Soziale Kompetenz wie Teamfähigkeit, Arbeiten im Team, Kontaktfähigkeit
- Fertigkeiten wie z. B. motorisches Geschick
- Erfolgswille, Ehrgeiz, Durchhaltevermögen, Ausdauer, Brennen für eine Sache
- Flowerlebnisse (Erfolgserlebnisse)

Wie sagte schon J.W. *von Goethe: „Wer nicht neugierig ist, erfährt nichts."*

Effektives Studieren stellt sich immer dann ein, wenn die äußeren und inneren Rahmenfaktoren stimmen und die vorhandene Lernenergie in vollem Maße genutzt und für anstehende Lernaufgaben gewonnen wird. Die aus lernwissenschaftlichen Forschungsarbeiten gewonnenen Erkenntnisse[2] belegen sehr deutlich, dass es darauf ankommt, lernstrategisch sinnvolles

---

[1] Vgl. hierzu auch: Schiefele, U./Köller, O.: Intrinsische und extrinsische Motivation, in: Handwörterbuch Pädagogische Psychologie, Weinheim 2001, S. 304 ff. sowie Brohm, M.: Motiviert studieren, Stuttgart 2015, S. 16 ff.

[2] Vgl. Vester, F.: Denken, lernen, vergessen, München 2009, S. 13 ff.

Studierverhalten zu entwickeln und zu praktizieren. Dabei stellt sich eine effektive Studienstrategie als grundsätzliche Verhaltensweise dar, in der lernbiologische Erkenntnisse unter Einbeziehung lernpsychologischer, lernfördernder Faktoren für die eigene Arbeit im Studium genutzt werden. Das Lernen im Studium fällt daher leichter und die Lernergebnisse werden durch optimale Nutzung der Lernmotive und Lernenergien entscheidend besser.

Darüber hinaus brauchen Studierende auch ein **Klima geistiger Leidenschaft** für ein Studium, intellektuelle Anstrengung sollte als etwas Positives empfunden werden. Von den Hochschulen wird somit erwartet, Grübler zu fördern, unorthodoxe Denker zu unterstützen und mentale Quertreiber und kreative „Spinner" zu belobigen, also Studierende mit besonderen Potenzialen. Fördernd wirken eine produktive, anstachelnde geistige Atmosphäre und ein kreatives Umfeld. Ein Studium kann keine planbaren Karrieren und Berufserfolge bieten, aber es kann den jungen Leuten den Glauben an ihre geistigen Kräfte mitgeben und fördern, das Vertrauen in selbstkritische Vernunft und die Lust am Denken und auch Experimentieren.[3]

Treffend bezeichnete eine Havard-Studierende in ihrer jugendlichen Ausdrucksweise den Geist von Cambridge: „Wer klug ist, der ist cool, und Nachdenken ist sexy."

Daraus gilt es, eine Lernmotivation anzustreben, die den Interessen und Potenzialen des Einzelnen entspricht. Hier sprechen wir von **intrinsischer Motivation**, einer Motivation, die aus dem Inneren des Menschen kommt wie z.B. Neigung, Neugierde, Problemlösungsfreude, Fähigkeiten, Einsichten, Interesse, die die Eigensteuerung des Individuums (Selbstmotivation) kennzeichnet. Dabei ist Interesse eine der wichtigsten Ressourcen für die Studierfähigkeit, den Studienerfolg und die Studienzufriedenheit.

Daneben kommen noch weitere, aus dem direkten sozialen Umfeld der Studierenden resultierende Motive **(extrinsische Motivation)** für die Aufnahme und Durchführung eines Studiums zum Tragen. Diese Motive wirken als Fremdmotivation von außen auf die Studierenden ein, so z.B. neben dem Studienfach und den Professoren weitere Beweggründe wie

---

Extrinsische Motivation, z.B.

- Studieren unter dem Aspekt persönlicher Vorteile (materieller Gewinn, sozialer Aufstieg, besser sein als andere)
- Studieren unter gedanklicher Vorwegnahme des Erfolges (Imagegründe, akademischer Titel)
- Studieren zur Freude sozial nahestehender Personen (Vorbildwirkung)
- Studieren aus Gewissenszwang (verinnerlichte Gebotsnormen: Opa war Arzt, Vater ist Arzt, Sohn wird Arzt)

---

[3]   Vgl. Koeder, K.W.: Studienmethodik, München 2012, S. 53f. und Ries, A.: Das Projekt Studium meistern, München 2018, S. 40 ff.

Studienmotivation und Studienerfolg sind somit eng miteinander verknüpft und bedingen sich wechselseitig. Angesichts dieser besonderen Wechselseitigkeit und Abhängigkeit ist es für den einzelnen Studierenden wichtig zu wissen, warum er studiert und welche Möglichkeiten der Selbst und Fremdmotivation für ihn besonders ausgeprägt sind.

 Merke Gerade für den Start in ein Studium und den Studienerfolg ist in besonderem Maße die Selbstmotivation (intrinsische Motive), die Eigenmotivation, besonders wichtig. Darüber hinaus bestimmen auch verstärkt externe Faktoren (Fremdmotivation) die Studierwilligkeit und das Durchhaltevermögen, wie z. B. Hochschulatmosphäre, Kommilitoninnen und Kommilitonen, Ausstattung der Hochschulen. Schaffen Sie sich daher Ihr eigenes Anreizsystem insbesondere unter Berücksichtigung intrinsischer Faktoren und Beweggründe.

Motivation für ein Studium ist das eine, Talent und Potenziale für ein bestimmtes Studienfach ist das andere. Beantworten Sie für sich in diesem Zusammenhang folgende drei Fragen:

Why beantwortet die Frage: Warum möchte ich studieren? Welches sind meine Stärken, welches meine Schwächen? Auf welche Potenziale kann ich zurückgreifen?

How bedeutet: Wie gehe ich ein Studium an? Welchen Einsatz muss ich leisten, um die Anforderungen abzuarbeiten?

What beantwortet die Frage: Was ist für mich das richtige Studienfach? Was erwartet mich in einem Studium? Welche Leidenschaft beflügelt mich für ein bestimmtes Studium und dessen Inhalte? Was ist nach dem Studium?

Albert Einstein formuliert dies treffend: „*Ich habe keine besondere Begabung, sondern bin nur leidenschaftlich neugierig.*"

Und jetzt noch eins: Die entscheidenden Motive für einen **vorzeitigen Abbruch des Studiums**, und dies bestätigen Gespräche mit Studienabbrechern, mit psychologischen Beratungsstellen der Hochschulen und auch empirische Untersuchungen zu dieser Thematik, sind: Überforderung und Leistungsprobleme (zu schwer), mangelnde Studienmotivation (langweilig, fehlendes Interesse), Ziellosigkeit, familiäre Umstände, finanzielle Probleme sowie Prüfungsängste/Prüfungsversagen. Ein Studienabbruch resultiert dabei nicht immer nur aus individuellen Problemen der Studierenden, sondern kann auch als Folge von unzureichenden Studienbedingungen gelten wie Anonymität in Hörsälen, fehlende Kontakte in einer fremden Stadt und Hochschule oder aber in der Fehleinschätzung dieses Studiengangs:

"Hab ich mir inhaltlich anders vorgestellt", zu wenig Praxisorientierung und zu hohe Leistungsanforderungen (extrinsische Faktoren).[4]

Etwa die Hälfte aller Studienabbrecher verlässt bereits in den ersten beiden Semestern die Hochschule/Universität, so das Deutsche Zentrum für Hochschul- und Wissenschaftsforschung, dabei besonders betroffen sind mathematisch-naturwissenschaftliche Studiengänge mit Abbruchquoten von insgesamt rd. 40 %.

Der Schriftsteller *Thom Renzie* führt hierzu an: *„Scheitern kann gescheiter machen."*

In diesem Zusammenhang zeigt sich aufgrund fehlender Bewerbungen und qualifizierter Bewerber im Ausbildungsbereich von Unternehmen eine **interessante Entwicklung**. So versuchen zwischenzeitlich viele Unternehmen Kontakt mit Studienabbrechern aufzunehmen, um diese – nach dem Abbruch des Studiums – für eine Berufsausbildung zu begeistern und zu gewinnen. Der Grund zur Einstellung solcher Bewerber liegt nach Unternehmensaussagen insbesondere in der Reife der Personen, im Wissen und ihrer Organisationsfähigkeit und daran, ihre zweite Chance zu nutzen. Interessant hierbei ist auch, dass viele Unternehmen auf ihrer Homepage Studienabbrecher auffordern, sich zu bewerben. In vielen Fällen werden sogar verkürzte Ausbildungszeiten angeboten.[5]

---

[4]   Vgl. Mittermeier, B.: Studienabbruch, Zeitcampus Online 1.6. 2017, Hein, E.: Gründe für den Studienabbruch, www.taz.de vom 12.2.2018, Studienabbrecher – Wer schmeißt hin und warum, www.spiegel.de, 1.6.2017.

[5]   Mehr Infos: ao5.de/studienabbrecher ao5.de/bmbfchancen, studienabbruch-und – dann.de; Piolot, P.: Abbrechen oder Weitermachen? In: Audimax, Heft 5/2019, S. 34/35.

3

Hochschul-ausbildung in Deutschland

3.1 Aufgaben und Ziele einer Hochschulausbildung

Für Sie als Studienplatzsuchender und Studienanfänger ist es wichtig zu wissen, welche Aufgaben eine Hochschulausbildung in der Bundesrepublik hat. Diese Funktionen werden bei uns durch das **Hochschulrahmengesetz (HRG)** formuliert und vorgegeben. Da die Kultur- und Wissenschaftshoheit in Deutschland bei den Bundesländern liegt, werden entsprechende Details in den **Landeshochschulgesetzen** geregelt, während der Bund eine Rahmengesetzgebungskompetenz hat. So könnte es auch für Sie interessant sein, einmal einen kleinen Blick in die Hochschulgesetze zu werfen. Institutionell zählen nach § 1 des HRG alle Universitäten, pädagogischen Hochschulen, Kunsthochschulen, Fachhochschulen, landwirtschaftliche Hochschulen, Musikhochschulen und andere Einrichtungen, die nach Landesrecht staatliche Hochschulen sind, zur **„Hochschulwelt"** unseres Landes. Schreiben Sie sich an einer dieser Hochschulen ein (Immatrikulation), dann sind Sie „ordentliche Studierende".

Die Hochschulen dienen ihrer Aufgabenstellung entsprechend u. a. der „Pflege und der Entwicklung der Wissenschaften und der Künste durch Forschung, Lehre und Weiterbildung". Dabei soll die Hochschulausbildung auf berufliche Tätigkeiten vorbereiten, „die die Anwendung wissenschaftlicher Erkenntnisse und wissenschaftlicher Methoden oder die Fähigkeit zu künstlerischer Gestaltung erfordern" (§ 2 HRG).

Zwecksetzung der Forschung in den Hochschulen der Bundesrepublik Deutschland ist, wissenschaftliche Erkenntnisse sowie wissenschaftliche Grundlegung und Weiterentwicklung von Lehre und Studium zu gewährleisten (§ 22 HRG).

Lehre und Studium sollen Sie als Studierende in jedem Studiengang auf ein berufliches Tätigkeitsfeld vorbereiten, indem die hierfür „erforderlichen fachlichen Kenntnisse, Fähigkeiten und Methoden dem jeweiligen Studiengang entsprechen" und so in Lehrveranstaltungen zu vermitteln sind, dass dieser „zu wissenschaftlicher oder künstlerischer Arbeit und zu verantwortlichem Handeln in einem freiheitlichen, demokratischen und sozialen Rechtsstaat befähigt wird" (§ 7 HRG).

Im Zusammenhang mit der Vermittlung fachlicher Kenntnisse, Fähigkeiten und Methoden in der Hochschulausbildung wird seit einigen Jahren der Begriff Vermittlung von „**Schlüsselqualifikationen bzw. Schlüsselkompetenzen**" diskutiert und dabei sehr unterschiedlich definiert. Empfehlungen nationaler und internationaler Institutionen (z. B. OECD- Referenzrahmen, Kultusminister-Qualifikationsrahmen, Akkreditierungsagenturen, Centrum für Hochschulentwicklung) geben hierzu eine Vielzahl von Denkanstößen, welche Schlüsselqualifikationen von den Hochschulen vermittelt werden sollen. Neben der Vermittlung von fachlichen Kenntnissen, Fähigkeiten und

Methoden des jeweiligen Studienganges, so wie es auch im HRG gefordert wird, können zu den Schlüsselqualifikationen folgende Kompetenzbereiche zählen. Dies entspricht auch in wesentlichen Teilen den Kompetenzmodellen (Anforderungsprofilen), wie sie in der Personalentwicklungspraxis der Unternehmen diskutiert werden. Dabei werden neben den Kompetenzbereichen Führungs- und Fachkompetenz auch interkulturelle Kompetenz insbesondere auch nachfolgende Kompetenzen für ein Studium erwartet:

- **Soziale Kompetenz** bestehend aus Qualifikationen wie z. B. Teamfähigkeit, Konfliktfähigkeit, Kommunikation, Gemeinschaftssinn/WIR-Gefühl, Bereitschaft zu Toleranz und Solidarität, Moderations- und Führungsfähigkeit;

- **Methodenkompetenz** bestehend aus dem Lernen eines strukturierten, zielorientierten und effizienten Vorgehens zur Bearbeitung von Aufgaben- und Problemstellungen mit Kompetenzbausteinen wie Analyse, Abstraktion, Entscheidungs und Problemlösungskompetenz;

- **Selbstkompetenz,** d. h. Entwicklung eigener Begabungen und Potenziale. Sie umfasst z. B. Eigenschaften wie Selbständigkeit, Kritikfähigkeit, Konzentrationsfähigkeit, Leistungsbereitschaft, Zuverlässigkeit, Selbstmanagement, rhetorische Kompetenz;

Im Qualifikationsrahmen für deutsche Hochschulabschlüsse vom 16.2.2017[6] differenziert das Kompetenzmodell zwischen

- Fachkompetenz: Wissen und Verstehen von Inhalten

- Sozialkompetenz: Kommunikation und Kooperation

- Methodenkompetenz: Einsatz, Anwendung und Erzeugung von Wissen

- Selbstkompetenz: Wissenschaftliches Selbstverständnis und Professionalität

Die Vermittlung dieser Kompetenzfelder auch im internationalen und globalisierten Kontext sind für jede Hochschulausbildung und jeden Studiengang wichtig. Es liegt jetzt im Ermessen der jeweiligen Hochschule, an der Sie Ihr Studium aufnehmen, zu entscheiden, mit welcher zeitlichen Intensität diese Schlüsselqualifikationen als eigene Lehrveranstaltungen oder als in die jeweiligen Fächer integrierte Bestandteile (z. B. Gruppenarbeit zur Förderung der Teamfähigkeit) in einer Lehrveranstaltung/Vorlesung/einem Studienschwerpunktfach umgesetzt werden. Halten Sie es dabei mit *Albert Einstein,* der sagte: *„Sieh im Studium nie eine Pflicht, sondern die beneidenswerte Gelegenheit, die befreiende Schönheit auf dem Gebiet des Geistes kennen zu lernen."*

---

[6]   Vgl. Kultusministerkonferenz: Qualifikationsrahmen für deutsche Hochschulabschlüsse, 2017, S. 4.

3.2 Studiengänge – Bachelor- und Masterstudium

In der Bundesrepublik Deutschland gibt es derzeit mehr als 660 Hochschulorte, über 20.000 Studienangebote/Studiengänge und über 3.200 Studienprofile/Studieninhalte. Mit der Entscheidung für einen Studiengang legen Sie gleichzeitig fest, welchen Studienabschluss Sie erhalten. Studiengänge, die mit einer Hochschulprüfung abgeschlossen werden, sind mit der Verleihung eines akademischen Grades verbunden. Hierzu zählen z. B. der Bachelor- und Mastergrad, der Diplomgrad, das Staatsexamen sowie der Magistergrad.

Die meisten unserer Hochschulstudiengänge sind Bachelor- und Masterstudiengänge, früher Diplomstudiengänge. Daher ein kleiner Exkurs:

Im Jahre 1999 haben sich auf einer Konferenz in Bologna Deutschland und 45 andere europäische Staaten verpflichtet, bis 2010 einen einheitlichen europäischen Hochschulraum zu konkretisieren (**„Bologna-Prozess")**. Dabei wurde u. a. vereinbart, ein gestuftes Studiensystem nach angloamerikanischem Vorbild durch drei Stufen zu schaffen: Bachelor, Master und Promotion sowie die Einführung eines Leistungspunktesystems. Ziel war es, die Anerkennung und Vergleichbarkeit der akademischen Studienabschlüsse in allen beteiligten Ländern sowie die Förderung der Mobilität der Studierenden zu erreichen. Zwischenzeitlich sind fast alle Studiengänge auf Bachelor- und Masterabschlüsse umgestellt[7].

Die Hochschulrektorenkonferenz fasst insgesamt die Ziele und die Motivation des Bolognaprozesses wie folgt[8] zusammen:

- Einführung gestufter Studiengänge mit den drei Stufen Bachelor, Master und Promotion
- Vereinfachung der Anerkennung u. a. durch die Verwendung des Diploma Supplements (Diplomzusatz, Anhang zum Prüfungszeugnis, Studiengangerläuterung)
- Einführung des Kreditpunktesystems ECTS
- Kooperation im Bereich der Qualitätssicherung
- Förderung der Mobilität der Hochschulangehörigen
- Stärkung einer europäischen Dimension der Hochschulausbildung

Mit der Einführung dieser gestuften Studienstruktur (Bachelor, Master und Promotion) in Deutschland sollen duale Hochschulen, Hochschulen/Fachhochschulen und Universitäten gleichwerte Abschlüsse erhalten, je

---

[7]   Vgl. Böttcher, H. u. a.: Bachelor/Master- Bildungsmarketing, Weinheim 2010.
[8]   Vgl. Allgemeine Zeitung, Anzeigen-Veröffentlichung vom 9.4.2011, Ausbildung & Beruf. Campus – Studieren 2011, S. 37.

nach Hochschultyp mit einer anderen beruflichen Schwerpunktsetzung, aber alle berechtigen zu einem anschließenden Masterstudium.

Das drei- bis vierjährige Bachelor-Studium ist dabei der erste berufsbe-fähigende/-qualifizierende Abschluss an einer Hochschule, entweder mit dem akademischen Titel „Bachelor of Arts (B.A.)" bei einem geistes- oder sozialwissenschaftlichen Studium bzw. mit dem „Bachelor of Science (B.Sc.)" für einen Abschluss in Natur- oder Ingenieurwissenschaften bzw. Wirtschaftswissenschaften. Je nach Fachwissenschaft werden die Bache-lorabschlüsse (B.) durch Hinweis auf die jeweilige Fachrichtung ergänzt, z. B. „LL/Laws" für die Rechtswissenschaften oder „Ed." für Lehramtsstu-diengänge.

Unterteilt wird das **Bachelorstudium** in einzelne Module, in einzelne fach-liche Studienbausteine, die Sie individuell zusammenstellen können, ähn-lich wie bei einem modularen Baukastensystem, bei dem man eine große Menge an Bausteinen zu unterschiedlichsten Türmen aufstapelt[9]. Diese Module, die i.d.R. über die Dauer von einem oder ggf. zwei Semestern jeweils ein übergeordnetes Thema im Rahmen von Lehrveranstaltungen behandeln, werden immer zum Semesterende mit einer studienbegleiten-den Prüfung und dem Erwerb von Leistungspunkten (Creditpoints) abge-schlossen. Das Bachelorstudium schließt mit einer schriftlichen wissen-schaftlichen Leistung, der Bachelorarbeit ab. Umfang je nach Studienfach 30–35 Seiten, Bearbeitungsdauer 8 Wochen. Zum methodisch-didaktischen Aufbau von Studiengängen bieten die Internetseiten der jeweiligen Fach-bereiche Ihrer Wahlhochschule wichtige Übersichten.

Im Anschluss an den Bachelorabschluss können Sie ein höher qualifizie-rendes Studium, den **Masterstudiengang,** aus mindestens 2–4 Semestern bestehend, anstreben. Hier ist es auch überlegenswert, dieses Masterstu-dium je nach Spezialisierungsrichtung, an einer anderen Universität oder Hochschule im Inland bzw. im Ausland (Partneruniversität) anzugehen. Dort werden Ihre in Deutschland erbrachten Leistungen und Studienab-schlüsse anerkannt. Beim Master unterscheiden wir zwischen konsekutiven und nicht konsekutiven Programmen. Ein konsekutiver Master vertieft im Bachelorstudium erworbene Qualifikationen und Kompetenzen in einer Fachrichtung und baut inhaltlich darauf auf. Nichtkonsekutiv ist ein Mas-terstudium dann, wenn er auch Bachelorabsolventen anderer Fachrich-tungen offensteht.

Der Masterstudiengang ist ebenso wie der Bachelor in einzelne Module untergliedert, für die die Studierenden ebenfalls Punkte für erbrachte Leistungen, sogenannte **Creditpoints**, erhalten. In der Summe ergeben dies meist 300 Punkte, wobei i.d.R. 180 in sechs Bachelor- und 120 in vier

---

[9]   Vgl. Soehring, M.: Gut kombiniert, Studenten können Bachelor und Master so wählen, wie es für sie persönlich am besten passt, in: Zeit Studienführer 2011/12, S. 114.

Mastersemestern erworben werden können. Hierzu gibt es auch abweichende Regelungen. Die Zusammensetzung hängt letzten Endes von der Dauer der beiden Studienprogramme ab[10]. Auch im Masterstudiengang gibt es fachliche Pflichtbestandteile, wobei hier die Wahlfreiheit häufig größer ist als im Bachelorstudium. Das Masterstudium schließt ebenfalls mit einer schriftlichen wissenschaftlichen Arbeit, der Masterarbeit, ab. Der Umfang dieser Masterarbeit liegt bei 40–50 Textseiten und einer Bearbeitungszeit von 5 Monaten. Die Master- und die Bachelorarbeit sind Prüfungsleistungen, die zeigen sollen, dass der Studierende in der Lage ist, innerhalb einer vorgegebenen Frist ein Fachproblem selbständig durch Anwendung wissenschaftlicher Methoden zu bearbeiten. Eine nicht bestandene Abschlussarbeit, sei es Bachelor oder Master, kann nur einmal wiederholt werden.

Ein sogenannter weiterbildender Masterstudiengang setzt Berufserfahrung voraus (mindestens 1 Jahr) und wird auch teilweise in berufsbegleitender Form angeboten, wobei hier zwischen forschungs- und anwendungsorientierten Masterprogrammen unterschieden wird. In Zukunft wird auch in Deutschland der weiterbildende Master an Bedeutung gewinnen, da dieser an die Berufserfahrung der Studierenden anknüpft, indem er deren Kenntnisse und Qualifikationen in bestimmten beruflichen Praxisfeldern vertieft und erweitert.

Abschließend zum Bachelor- und Masterstudium noch eine Erklärung zu den **ECTS-Modalitäten (Leistungspunktesystem)**[11]:

- ECTS steht für **European Credit Transfer System (Kreditpunktesystem)** und dient der erleichterten Anerkennung von im europäischen Ausland erbrachten Studienleistungen. Im ECTS wird berücksichtigt, dass in den europäischen Hochschulen unterschiedlichen Lernkonzepte zur Anwendung kommen. So ist z. B. in Großbritannien die Zahl der Vorlesungsstunden gering; Studierende sind hier angehalten, sich viele Fachthemen in „Essays" (Seminararbeiten) selbst zu erarbeiten. In den romanischen Ländern sind hingegen viele Vorlesungsstunden üblich, deren Inhalte durch Klausuren abgefragt werden. Im ECTS wird zur besseren Vergleichbarkeit der gesamte studentische Aufwand eines Semesters von 900 Stunden einschl. vorlesungsfreier Zeit (student workload) in 30 Kreditpunkten ausgedrückt. Eine Prüfungsleistung mit 5-ECTS-Punkten sagt also aus, dass Sie als Studierende etwa 150 Stunden eigenständischen Arbeitsaufwand investieren müssen.

---

[10]   Vgl. Soehring, M.; ebenda, S. 115 sowie Ebitsch, S.: So geht's zum Bachelor. Was jeder wissen muss, um sich an der Hochschule zurechtzufinden. Ein Leitfaden für das Studium, in: ZEIT Studienführer 2009/10, S. 106 ff.

[11]   Vgl. Ebitsch,S.: Das Uni-Einmaleins. Ob Module oder Credit Points – Studienanfänger müssen sich mit vielem Neuen vertraut machen. Wie der Bachelor funktioniert, in: ZEIT Studienführer 2011/12, S. 103 ff. und Schüle, U.: Von Bologna nach Mainz, in: FH Mainz Forum, Heft 2/2005, S. 37 ff.

Wie diese Stunden sich auf Vorlesungen, Übungen und Selbststudium (Eigenarbeit) aufteilen, hängt vom didaktischen Konzept der Veranstaltung ab. Es gibt sowohl 5-ECTS-Module mit 4 Semesterwochenstunden (SWS) je Lehrveranstaltung als auch solche mit zwei Stunden pro Woche. Das bedeutet, für jeden ECTS-Punkt müssen nach diesem System 30 Stunden für die studentische Arbeitszeit (workload) in Form von z. B. Vorlesungen, Selbststudium, Lesen der Literatur eingebracht werden.

- **ECTS-Note:** Über die Note sagen die ECTS-Punkte aber nichts aus. Für die Umrechnung auf Noten bedarf es zusätzlicher Einstufungstabellen. Die ECTS- Einstufungstabelle (ECTS-Grading-Table) ist eine Art Notenspiegel, die statistische Auskunft über die Verteilung der erzielten Noten innerhalb einer Lerngruppe (z. B. Studierende eines Studiengangs) gibt. Im Klartext heißt dies, dass die Hochschulen in einer ECTS-Einstufungstabelle darstellen, welcher Prozentsatz von Studierenden welche lokale Note in einem bestimmten Studiengang erreicht hat, z. B. der Studierende gehört zu den besten 10 % des Studienjahrgangs. Die Professoren/innen verwenden weiterhin das deutsche Notensystem. Der Prüfungsausschuss ermittelt einmal im Jahr die Verteilung der Noten und legt die Umrechnung in ECTS-Noten fest. Diese Vorgehensweise entspricht einem Beschluss der Kultusministerkonferenz. Im Zeugnis werden dann die deutsche und die ECTS-Note ausgewiesen.

- **Semesterwochenstunden (SWS):** Ein Semester ist eine seit dem 15. Jahrhundert gebräuchliche Bezeichnung für ein Studienhalbjahr an Universitäten bzw. Hochschulen. Eine Semesterwochenstunde ist der Zeitanteil für eine akademische Lehrveranstaltung pro Woche. Da die Vorlesungszeit im Sommersemester (SoSe) 14 Wochen dauert und im Wintersemester (WS) 16, sind dies im Mittel 15 Wochen. Dabei dauert eine akademische Stunde 45 Minuten, d. h. eine Vorlesung, die mit wöchentlich 4 SWS angegeben ist, beansprucht 180 Minuten.

- **Workload:** Die Leistungspunkte (ECTS), die Sie für eine Lehrveranstaltung bekommen, beinhalten nicht nur den Zeitanteil für diese Veranstaltung (z. B. 2 SWS), sondern auch den Zeitaufwand für die Vor- und Nachbereitung dieser Lehrveranstaltung (z. B. Lesen fachwissenschaftlicher Literatur, Selbststudium im Allgemeinen). ECTS-Punkte und Workload sind Elemente des ECTS-Systems, mit denen die Arbeitsleistung an den Hochschulen angerechnet wird. Dabei soll ein Leistungspunkt einem Zeitaufwand von 30 Stunden entsprechen, d. h. für eine Lehrveranstaltung, die mit 5 ECTS-Punkten ausgewiesen ist, beträgt der studentische Arbeitsaufwand für Vorlesungen und Selbststudium 150 Stunden. Ein Bachelorstudium mit 180 ECTS in sechs Semestern beinhaltet somit 5.400 Arbeitsstunden.

Beachten Sie die **Akkreditierung**: Auch für Studiengänge an Universitäten und Hochschulen gibt es zwischenzeitlich ein Qualitätssiegel. Neue Studiengänge, die von einer Hochschule entwickelt bzw. angeboten werden, erhalten durch einen Akkreditierungsrat und beauftragte Akkreditierungsagenturen eine Art „Bildungs-TÜV" nach Begutachtung des Studienangebotes zur Sicherung der Qualität von Lehre und Studium. Dabei gilt eine Erstzulassung eines Studienganges 5 Jahre, danach wird eine Reakkreditierung durchgeführt. Achten Sie bei der Wahl eines Studienganges auf dessen Akkreditierung. Dies ist auch wichtig, wenn Sie die Hochschule wechseln bzw. im Ausland weiterstudieren.

Zu dieser Akkreditierung der Studiengänge wird u. a. ein sogenanntes hochschulindividuelles **Modulhandbuch** erstellt. Dort werden für jede Lehrveranstaltung auch die Ziele und Inhalte und die ungefähre zeitliche Zuordnung von Anwesenheit („class contact"), Vorbereitungs-, Übungs- und Nachbereitungszeit beschrieben. Diese Modulbeschreibung gilt als Anhaltpunkt für die Genehmigung eines Studienganges, nicht aber als unmittelbare Vorgabe, an die sich die Professoren/innen und Lehrbeauftragten akribisch halten müssen, denn der **„Grundsatz der Freiheit von Forschung und Lehre"** gibt dem einzelnen Professor die Möglichkeit, auf aktuelle Forschungsentwicklungen einzugehen und ausgewählte Themen fokussiert zu beleuchten. Dies gilt natürlich auch für die Auswahl der Literaturempfehlungen an die Studierenden. Trotzdem gibt Ihnen die Modulbeschreibung sinnvolle Anhaltspunkte darüber, was Sie inhaltlich in diesem Fach erwartet. Diese Modulbeschreibungen finden Sie auf der Website des jeweiligen Studienganges und bieten Ihnen erste inhaltliche Anregungen für die einzelnen Fächer Ihres Studienganges.

Die Beschreibung der Lehrveranstaltungen, der sog. **Syllabus**, bezieht sich u. a. auf folgende Aspekte Ihres Studiums: Die Lernziele der Fachvorlesung, die Sachgliederung (Agenda) der zu erarbeitenden Inhalte, die Lernmethode, die Art der Prüfung, in welcher Sprache die Vorlesung angeboten und geprüft wird, Literatur für Vor- und Nachbereitung, Name des Lehrenden u. v. m. Der anbietende Dozent stellt Ihnen zu Beginn des Semesters seinen Syllabus meist vor und stellt diesen auch ins Hochschulnetz zu ihrer Verwendung. Der Syllabus beschreibt die organisatorischen Rahmenbedingungen einer Lehrveranstaltung (Lehrveranstaltungskonzept).

All diese Besonderheiten von Bachelor- und Masterstudiengängen erfahren Sie detailliert auch im Rahmen der Erstsemesterveranstaltungen und der Einführungswoche für Ihr Studium an Ihrer neuen Universität bzw. Hochschule, ferner auf den Webseiten Ihrer Hochschule und deren Fachbereiche. Damit ist die Schaffung einer frühzeitigen Identifikation mit den Studieninhalten verbunden.

Modularisierung, ECTS-Punkte, erhöhter Selbststudienanteil (Workload), Internationale Ausrichtung der Studiengänge auch durch die Integration fremdsprachlicher Lehrveranstaltungen über Kultur und Sprache in die Didaktik der Hochschulausbildung von Bachelor- und Masterstudiengängen sowie die Einbindung von sozialen Kompetenzmodulen (soft skills) zeichnen diese Studiengänge aus.

4

Universitäten und Hochschulen

Bildung ist in der Bundesrepublik Deutschland, wie bereits erwähnt, Angelegenheit der einzelnen Bundesländer, daher haben sich hier unterschiedliche Hochschularten entwickelt. Im **Hochschulrahmengesetz (HRG)** im § 1 sowie in den Landeshochschulgesetzen werden dann Universitäten, pädagogische Hochschulen, Kunsthochschulen, Fachhochschulen/Hochschulen, Musikhochschulen und viele mehr zu Hochschularten kreiert. Ferner zählen auch Kunst-, Film- und Musikhochschulen dazu, sowie kirchliche Hochschulen, technische Hochschulen (TH) und technische Universitäten (TU) hierzu.

So können Sie als Studienplatzsuchende und Studienanfänger eine Vielzahl von Studienangeboten und Studiengängen (sowohl in Vollzeitform als Präsenzstudium, als auch in Teilzeitform wie das Fernstudium oder das duale Studium) aus den unterschiedlichsten Wissensgebieten auswählen und somit Ihr Studium ihren eigenen individuellen Bedürfnissen und Neigungen entsprechend gestalten. Das Fachspektrum reicht von den klassischen Studiendisziplinen im Bereich Natur- und Geisteswissenschaften, den Rechts-, Sozial- und Wirtschaftswissenschaften bis hin zu interdisziplinären Studienangeboten, wie z. B. Biotechnologie oder Megatronik sowie Studiengängen mit konkretem Anwendungs- und Praxisbezug, wie z. B. den Ingenieurwissenschaften und den Wirtschaftswissenschaften im (Fach-)hochschulbereich (University of applied sciences).

Jetzt haben Sie die Qual der Wahl. Zwischenzeitlich gibt es eine Vielzahl von Datenbanken, so den Hochschulkompass, ein Angebot der Hochschulrektorenkonferenz (www. Hochschulkompass.de). Hier haben Sie die Möglichkeit, bundesweit nach Hochschulen und Studiengängen zu suchen. Interessant bei dieser Datenbank ist, dass Sie dabei sehr viele Anregungen zur Studiengangssuche erhalten, ferner können Sie einen Studium-Interessententest durchführen, zum Studium und den Hochschularten Nützliches erfahren und sich der Studienplatzbörse bedienen, die Ihnen freie Studienplatzkapazitäten nach Studiengängen für das kommende Semester aufzeigt.

Ein Hochschulkompass der HRK (Kooperationen) zeigt Ihnen darüber hinaus auch internationale Kooperationen (über 5.400 Partnereinrichtungen weltweit) mit Partnerunis/-hochschulen) auf, unter den Internetadressen www.internationale-hochschulkooperationen.de und www.hskompass2.de.

Die Studienangebote in der deutschen Hochschulwelt gehen heute hauptsächlich von einem Präsenzstudium in Vollzeitform aus. Dabei wird vorausgesetzt, dass Sie sich dem gewählten Studienfach voll und ganz widmen, d. h. zu jeder Tageszeit an den Vorlesungen teilnehmen können. Immer mehr nehmen aber Angebote in Teilzeitstudienform zu, so z. B. in Form von weiterbildenden, berufsbegleitenden, berufsintegrierenden Studiengängen oder Studiengängen in dualer Form (Kombination von Berufsausbildung und Studium), die auch in Präsenzform durchgeführt werden, z. B. an zwei

Halbtagen pro Woche, aber die Studierenden sind berufstätig oder stehen in einer Berufsausbildung.

Bedingt durch den wirtschaftlichen Aufstieg und die Förderung der Informations- und Kommunikationstechnologie bieten zunehmend auch multimediale Studiengänge bzw. Präsenzstudiengänge mit virtuellen Modulen, wie z. B. Online-Lehrbuch, Teleseminar, virtuelle Vorlesung, Onlineskripte mit interaktiven Elementen, electronic Textbook oder netzbasierte Komponenten, ein gewisses Maß an Flexibilität für die Durchführung eines Studiums und eine gute Vereinbarkeit von Beruf und Privatleben. Einen Überblick u. a. zum Online-Studium bietet das Wissensportal rund ums Studieren (www.studieren-im-netz.de). Beim Online-Studium studieren Sie in digitaler Form. An die Hochschule kommen Sie z. B. zu Klausuren am Ende des Semesters.

Ein Studium ist also an zahlreichen Hochschuleinrichtungen möglich. **Universitäten**, abgeleitet aus dem Lateinischen „universitas", bezeichnet als Gemeinschaft der Lehrenden und Lernenden, sind wissenschaftliche Hochschulen, die wissenschaftsorientiert sind und diese Wissenschaften in Forschung, Lehre und Studium vertreten. Im Gegensatz zu anderen Hochschulen bieten die Universitäten einen breiten Fächerkanon an. Typisch hierbei sind die klassischen Fakultäten für z. B. Philosophie, Medizin, Theologie oder Rechtswissenschaften. Ferner die Naturwissenschaften sowie Wirtschafts- und Sozialwissenschaften und viele weitere Studienausrichtungen. Die Universitäten, die eine starke Wissenschafts-/Theorieausrichtung haben, besitzen auch das Promotionsrecht (Doktorarbeit), die wichtig ist für eine Karriere im Forschungs- und Wissenschaftsbereich.

Eine weitere Möglichkeit des Studierens, sowohl in Vollzeit- als auch berufsbegleitender Form, ist die **Fernuniversität** in Hagen. Sie ist die erste und einzige staatliche Fernuniversität in Deutschland, gleichzeitig ist sie auch die Größte mit insgesamt ca. 80.000 Studierenden. An dieser Universität in Fernstudienform können einige Studiengänge wie z. B. Medizin nicht studiert werden. Die Vermittlung der Lehrinhalte erfolgt durch schriftliche Kurseinheiten, auch Studienbriefe genannt (Papier und online), durch Einsendearbeiten, durch Seminare und Praktika. Für Rückfragen zu den Studienbriefen stehen Mentoren in verschiedenen Studienzentren der Bundesrepublik und Kursbetreuer in Hagen zur Verfügung. Ferner gibt es virtuelle Seminare, bei denen Vortrag und Diskussion im Rahmen von Newsgroups oder anderen Online-Kanälen erfolgt. Verschaffen Sie sich auch über diese Studienmöglichkeit einen Überblick unter www.fernuni-hagen.de.

Fachhochschulen oder auch neuerdings nur **Hochschulen** genannt, vermitteln ebenfalls eine akademische Ausbildung auf wissenschaftlicher Basis mit einem ausgeprägten Anwendungsbezug zur späteren beruflichen Praxis (University of Applied Sciences). So bieten diese Hochschulen mit fachspezifischer Ausrichtung vor allem technische, wirtschaftswissenschaftliche und sozialwissenschaftliche Studiengänge an. Fachhochschulen bieten im

Bereich von Bachelor- und Masterstudiengängen gleichwertige Abschlüsse mit der Universität an, sie haben aber derzeit noch kein eigenständiges Promotionsrecht, sondern müssen mit einer Universität im In- oder Ausland kooperieren (kooperative Promotion), um ihre Absolventen mit Masterabschlüssen zu promovieren.

Viele Hochschulen in der Bundesrepublik bieten heute darüber hinaus **berufsbegleitende Studiengänge** an, so z. B. im Studienfach Betriebswirtschaftslehre. Dafür gibt es das **duale Studium**, indem Ausbildungselemente in einem Unternehmen oder einer Institution mit einem Studium an einer Hochschule verbunden werden. Dabei absolvieren die Studierenden eine Berufsausbildung in einem Unternehmen und lernen dort Arbeitsabläufe, -aufgaben und Abteilungen kennen. Praktische Phasen im Unternehmen wechseln mit theoretischen Veranstaltungen an einer Hochschule. In der Theoriephase werden die theoretischen und auch anwendungsorientierten Inhalte vertieft, die dann im Unternehmen praktisch umgesetzt werden können. Sie absolvieren im Unternehmen eine Ausbildung und werden für Vorlesungen an der Hochschule, z. B. an einem halben Tag pro Woche, freigestellt. Die Zeit für die Lehrveranstaltungen samstags müssen Sie selbst einbringen. Somit können Sie eine Berufsausbildung absolvieren und zeitlich etwas später einen Bachelorabschluss (i. d. R. nach 7 Semestern) erlangen. Diese berufsbegleitende Studienform lässt sich auch im Anschluss an Ihr Bachelorstudium in einem darauffolgenden Masterstudiengang fortsetzen.

Das duale Studium bietet Ihnen zwar einen festen Rahmen im Unternehmen (z. B. Ausbildungsvertrag), es stellt aber auch hohe Anforderungen an Sie. Die Studieninhalte sind praxis- und anwendungsorientierter, müssen aber das Niveau einer Hochschule haben. Es gibt ferner im dualen Studium keine vorlesungsfreien Zeiten (Semesterferien), in der Vollzeitstudierende Zeit haben, sich intensiv auf Leistungsnachweise vorzubereiten. Sie erhalten genauso viel gesetzlich geregelten Urlaub wie die anderen Mitarbeiter/innen des Unternehmens. Diese Studienmöglichkeit genießt immer mehr Zuspruch und wird auch im Rahmen der Unternehmensakquise von Auszubildenden immer mehr angeboten.

Eine weitere berufsbegleitende Studienvariante ist, zunächst eine fundierte Berufsausbildung zu absolvieren und danach noch ein Hochschulstudium, z. B. in berufsintegrierender Form in Banken, Handels- oder Industrieunternehmen, anzubieten. Bei dieser Studienvariante erhalten Sie nach der abgeschlossenen Berufsausbildung vom Unternehmen einen Arbeitsvertrag und werden einen halben Tag pro Woche für das Studium freigestellt, die Studienzeit am Samstag müssen Sie selbst einbringen.

Diese Studienmöglichkeiten in Verbindung mit einer Ausbildung bzw. nach der Ausbildung in berufsbegleitender Form erfreuen sich zwischenzeitlich nicht nur bei Studierenden, sondern auch bei Unternehmen und sonstigen Institutionen großer Beliebtheit und reger Nachfrage. Für Studierende ist dieses praxis- und anwendungsorientierte Studieren, so die Aussagen von Studierenden, zwar eine Doppelbelastung und ein frühes Festlegen auf ein Unternehmen/eine Branche, dafür spricht aber eine enge Verzahnung von Theorie und Praxis und eine sichere Studienfinanzierung. Für die Unternehmen ist diese Form des Studierendes ein wichtiges Mitarbeiter-akquiseinstrument und dient insbesondere der Personalentwicklung und Mitarbeiterförderung.

Beziehen Sie auch diese Formen des Studiums in Ihren Studienwahl-prozess ein und sammeln Sie Informationen im Internet und auch bei der Arbeitsagentur oder bei Unternehmen direkt (z. B. www.Boehringer-Ingelheim.de, www.schott.com, www.fraport.de) oder beim Bundesminis-terium für Bildung und Forschung (www.bmbf.de).

Daneben gibt es noch eine Vielzahl weiterer berufsfeldspezifischer Hoch-schulen und Universitäten, wie z. B. Technische Universitäten und Hoch-schulen, Kunsthochschulen, Sporthochschulen, ferner Privatuniversitäten wie z. B. die Universität Witten/Herdecke, die EBS (European Business School), die WHU Otto Beisheim School of Management, die meist eine sehr stark wirtschaftswissenschaftliche Ausrichtung haben.

Lernen Sie jetzt bereits eine wichtige Studienfunktion, indem Sie flei-ßig im Netz recherchieren. Hier bieten www.hochschulkompass.de, www.studiengaenge.zeit.de oder www.studis-online.de ebenfalls sehr interes-sante Einsichten.

Recherchearbeit ist für Sie ihm weiteren Studienverlauf sehr wichtig, wenn Sie z. B. für Ihre Hausarbeiten Literaturrecherchen durchführen müssen. Der Begriff „Recherche", auch Investigation oder Research genannt, be-zeichnet die gezielte Suche nach Informationen. Gerade im wissenschaftli-chen Kontext ist die Recherche wichtig, um etwas zu erforschen, sich über etwas zu informieren, Inhalte systematisch zu erschließen und Hintergrün-de/Beweggründe zu erfahren. Nutzen Sie dieses Instrument auch für Ihre Hochschulstandortbestimmung und die Studienfachauswahl.

5

Lehrver-
anstaltungen
im Studium

In den zahlreichen Studiengängen einer Hochschule gibt es eine Vielzahl von unterschiedlichen Lehrveranstaltungen, die je nach Studienfach variieren. Dabei ist eine Lehrveranstaltung eine Unterrichtseinheit im Rahmen eines Studiums. So werden unterschiedliche Typen von Lehrveranstaltungen definiert, die sich in ihrer inhaltlichen Ausrichtung (Didaktik) auch am Qualifikationsgrad der Studierenden orientieren (z. B. Masterstudium). Ferner unterscheiden wir praktische und theoretisch angelegte Lehrveranstaltungen. Daneben wird z. B. in naturwissenschaftlichen Studiengängen Wissen auch in Werkstätten und Laboren vermittelt. Einige gängige, klassische Lehrveranstaltungen, die Ihnen während Ihres Studiums evtl. begegnen, werden nachfolgend kurz aufgeführt:

- **Vorlesung:** Die Vorlesung ist eine Lehrveranstaltungsform an der Universität bzw. Hochschule. Sie wird meistens von Professoren/innen, promovierten Dozenten und auch sog. Lehrbeauftragten aus der beruflichen Praxis abgehalten. Es handelt sich dabei i. d. R. um eine 90-minütige Lehreinheit, die je nach Professor/in und der Studierendenanzahl auch in fragenentwickelnder Form (Dialog) durchgeführt wird. Bei großer Hörerzahl ist die Vorlesung Frontalunterricht unter Einbindung methodischer Instrumente wie Folien, Beamer usw. Dabei tritt der Dialog zwischen Professor/in und den Hörern in den Hintergrund. Für Sie als Studierende eine große Herausforderung in Sachen Wissensaneignung durch Zuhören und Mitschreiben. Nutzen Sie in Großraumveranstaltungen auch die Möglichkeit des Fragens in der Pause oder nach einer Veranstaltung.

- **Übung:** Übungen werden meist begleitend zu Vorlesungen angeboten. Ziel dieser Lehrveranstaltung ist es, sich aktiv mit den Lerninhalten auseinanderzusetzen und diese durch Praxisübungen wie z. B. Fallstudien oder Übungsaufgaben zu vertiefen. Meist werden diese Übungen von wissenschaftlichen Mitarbeitern/Assistenten durchgeführt, auch mit dem Ziel, Unklarheiten und Unverstandenes aus der Vorlesung zu besprechen und zu klären.

- **Studienseminar:** Das Studienseminar ist eine Lehrveranstaltung, z. B. in einem Studienschwerpunktfach (Wahlfach), um Wissen in kleinen Gruppen interaktiv (im Dialog) zu erwerben bzw. zu vertiefen. Hier übernehmen auch häufig Studierende Fachthemen, die sie im Rahmen von Vorträgen präsentieren und mit Kommilitonen/innen diskutieren.

- **Option:** Eine Option stellt ein Spezialisierungsfach in einem höheren Semester dar (z. B. im 5. Semester eines Bachelor-Studiums). Optionen wählen Sie als Studierende nach persönlichem Interessenprofil. Damit erhalten Sie die Möglichkeit zur individuellen Orientierung und/oder Spezialisierung im Studium in kleineren, überschaubaren Gruppen. Der Leistungsnachweis besteht hierbei sehr häufig in einer Hausarbeit, einer Klausur und/oder einer Präsentation (auch in Gruppen) eines Themengebietes.

- **Repetitorien:** Dies sind Lehrveranstaltungen, in denen Wissen intensiv und komprimiert wiederholt wird und die in bestimmten Fachstudiengängen wie den Rechtswissenschaften der Klausurvorbereitung dienen. Dabei kommen auch viele Übungen und Fallbeispiele zum Einsatz, die insbesondere der Wissensaufarbeitung und dem Praxis- und Anwendungsbezug dienen (Verständnis).

- **Tutorien:** Vorlesungsbegleitende Veranstaltungen, durchgeführt von Tutoren/innen, die meist selbst noch Studierende fortgeschrittener Semester sind, aber bereits über fachspezifisches Wissen verfügen. Ein Tutor ist für die Studierenden einerseits Lernbegleiter, andererseits Betreuer, Ansprechpartner und Vertrauensperson. Tutoren sind meist studentische Hilfskräfte aus höheren Semestern (sog. HiWis).

- **Praktikum:** Praktika sollen theoretische Erkenntnisse in der Praxis eines Unternehmens oder einer sonstigen Institution evaluieren und umsetzen. So gibt es Pflichtpraktika, z. B. in den Naturwissenschaftlichen, wobei diese meist in den Labors oder den Übungsräumen der Hochschule stattfinden. Eine andere Form von Pflichtpraktika hat das Ziel, den Studierenden Praxiserfahrungen in Berufsfeldern außerhalb der Universitäten/Hochschulen zu ermöglichen. So sind z. B. in die Bachelorstudiengänge Pflichtpraktika von 20–24 Wochen integriert, und bei Lehramtsstudierenden Schulpraktika.

  Ganz wichtig: Sind Praktika in Ihren Studiengang nicht integriert, sollten Sie sich in der vorlesungsfreien Zeit darum bemühen, Praktika in Anlehnung an Ihr Studienfach oder auch fächerübergreifend selbstorganisiert durchzuführen.

- **Exkursionen:** Sie werden z. B. in wirtschaftswissenschaftlichen Studiengängen oftmals angeboten, um den Anwendungs- und Praxisbezug herzustellen und bestimmte Gegebenheiten in Unternehmen vor Ort über einen längeren Zeitraum zu verdeutlichen und auch aktiv mitzuarbeiten. In Studiengängen wie z. B. Biologie, Geographie oder Kunstgeschichte sollen im Rahmen von Exkursionen Lehrinhalte vor Ort untersucht werden. Exkursionen finden sehr häufig in der vorlesungsfreien Zeit statt.

- **Kolloquium:** Kolloquien sind für Studierende höherer Semester gedacht. Es ist meist eine Gesprächsrunde, zu der Professoren/innen oftmals einladen. Dabei werden meist laufende Forschungsprojekte vorgestellt und Ergebnisse von Projekten präsentiert und diskutiert.

6

Selbst-management-system für Studienanfänger

6.1 Hinweise zum Einstieg

Haben Sie dann Ihren Studienplatz erhalten und bereiten sich auf den Studieneinstieg vor, gilt es einiges zu managen. Etwas zu managen heißt, etwas zu leiten, zustande zu bringen, zu organisieren und zu strukturieren. Bezogen auf den Begriff „**Selbstmanagement**" bedeutet dies, sich selbst zu führen, sich selbst zu organisieren, die Kompetenz zu erlangen, die eigene persönliche und berufliche Entwicklung weitgehend unabhängig von äußeren Einflüssen zu gestalten. Dazu bedarf es zu Studienbeginn gewisser Teilkompetenzen und eines Orientierungsrahmens. Wie will sich ein Einzelner irgendwo hinführen, wenn er nicht weiß, wohin es gehen soll? Daher beinhaltet Selbstmanagement auch, dass ich mir im Vorfeld Gedanken darübermache, **was** ich möchte und **wie** ich dies erreichen will. Ein Selbstmanagementsystem ist dabei die konsequente und zielorientierte Anwendung von Arbeitstechniken und -methoden für das Studium, um sich selbst sowie die eigenen Lebensbereiche so zu führen und zu organisieren, dass die zur Verfügung stehende Zeit optimal genutzt werden kann. Zeitmanagement ist dabei ein Instrument des Selbstmanagements.

Ein zentraler Aspekt eines Selbstmanagementsystems ist die Selbststeuerung, die äußere und innere Steuerung der eigenen Studienaktivitäten. Dabei beinhaltet das System eine Vielzahl von Aspekten, wie z. B. die Auswahl, Organisation und Vorbereitung Ihres Studiums, die Kenntnis von Studientechniken, -methoden und -strategien, der Umgang mit gewissen Studiengegebenheiten und eigenen Fähigkeiten, die Entwicklung und Umsetzung eines persönlichen Arbeitsstiles, die in ihrem Zusammenspiel zu Motivation und Erfolg führen können. Die Identifikation mit dem gewählten Studiengang spielt dabei ebenfalls eine große Rolle.

6.2 Arbeitsraum „Studierendenbude"

Meist können Sie, aufgrund der Wohnraumknappheit an Ihrem gewählten Studienort, die örtliche Lage, die Größe des Zimmers, Teile des Mobiliars usw. Ihres Studierzimmers nicht immer selbst bestimmen, sondern müssen sich mit Angebotenem begnügen. Kümmern Sie sich frühzeitig um Wohnraum, sei es z. B. über den AStA der Hochschule, Aushänge vor Ort, Kontakte über soziale Medien, Wohngemeinschaften (www.studenten-wg.de), das jeweilige Studierendenwerk, das für die Förderung der sozialen, kulturellen und wirtschaftlichen Belange der Studierenden zuständig ist und Studierendenwohnheime betreut. Verleihen Sie trotzdem auch der kleinsten Studierendenbude, oftmals Ihr erstes eigenes Zuhause, einen Akzent **persönlicher Ordnung** durch, z. B. eine zweckmäßige eigene Einrichtung wie Schreibtisch, Regale, Bilder, Bücher, Notebook mit schnellem

Internetanschluss, Pflanzen, usw. Auf diese Weise schaffen Sie eine engere Beziehung zu Ihrem neuen Lebens- und Arbeitsraum, zu Ihrem Lern- und Studienplatz. Dies ist nicht ohne Bedeutung für Ihr Wohlbefinden und auch für die Studienmotivation wichtig, denn sie verbringen während des Studiums einen hohen Zeitanteil am Schreibtisch mit für Sie wichtiger Lernatmosphäre.

Halten Sie es mit E. *Freiherr von Feuchtersleben: „In einem aufgeräumten Zimmer ist auch die Seele aufgeräumt."*

Achten Sie also auf eine zweckmäßig eingerichtete Studierendenbude, bei der das Persönliche nicht fehlen darf. Erleben Sie Ihr Zimmer als zu Ihnen gehörend, dann geht auch hiervon eine lern- und studienmotivierende Wirkung aus. Dies gilt auch für Ihr Arbeitszimmer im „Hotel Mama".

Zweckmäßig ist Ihre Studentenbude auch dann, wenn sie all das griffbereit hält, was u.a. auch für Ihr Selbststudium notwendig ist. Definieren Sie dabei Arbeitsbedingungen bzw. ein Arbeitssystem, das Ihrer persönlichen Ordnung und Ihren Ansprüchen am weitesten entgegenkommt. Dies ist heute, aufgrund des Massenandrangs insbesondere an besonders attraktiven Hochschulorten, wie z.B. Berlin, München, Freiburg, Tübingen, Leipzig und der meist begrenzten Zimmer- bzw. Wohnraumsituation für die Studierenden nicht immer bzw. immer seltener möglich. Die Attraktivität eines Hochschulortes bezieht sich hierbei neben den Studienfächern und den anbietenden Professoren (Kompetenzbereiche) auch auf die Freizeitangebote vor Ort und im Umfeld.

Achten Sie ferner auf sachliche Arbeitsbedingungen in Ihrem Studierzimmer, so z.B. auf die Beleuchtung, Belüftung, Beheizung, Geräuschpegel, Farbgebung des Zimmers u.a.

Das Lernen während einer Selbststudienphase sollte auch in verschiedenen Körperhaltungen durchführbar sein, denn medizinische Untersuchungen zeigen oft recht deutlich, dass das Resultat permanenten, identischen Sitzens ein ständiger Rückgang der Vitalität, Energie und der allgemeinen körperlichen Verfassung ist.

Denken Sie ferner daran, dass der Mensch auch **Schutzzonen (Individualzonen)** braucht, dies muss nicht ein zusätzliches Zimmer sein, sondern kann aus einer anderen bequemen Sitzgelegenheit und -haltung (Sessel, Couch) als der am Schreibtisch bestehen, um etwas von der geistigen Arbeit abschalten zu können. Gerade in Wohngemeinschaften ist ein eigenes Zimmer, ein Platz in der Küche oder im Flur für zwischendurch wichtig. Alle Bewohner einer WG müssen aber auch Rücksicht aufeinander nehmen und Kompromisse eingehen, insbesondere auch bei unterschiedlichen Klausurvorbereitungszeiten und Selbststudienphasen.

6.3 Arbeitsplatz

Nichts gedeiht in Unordnung. Lernen bzw. Studieren schafft und fordert Ordnung und Struktur der Gedanken, der Arbeit, des Studiums, der Arbeitsmittel usw. Der Anblick von Unordentlichkeit gerade am Arbeitsplatz bzw. auf dem Schreibtisch lenkt vom Wesentlichen ab, erzeugt Demotivation, Lustlosigkeit, Nervosität etc. Aus der Lernpsychologie wissen wir, dass viele Menschen besser lernen und studieren können, wenn sie dafür einen liebgewonnenen, geordneten Arbeitsplatz aufsuchen können. Dies gilt für andere nicht, sie können sich an vielen Orten für das Lernen und Studieren motivieren, sei es im eigenen Zimmer, in der Wohngemeinschaft oder einer Bibliothek, auf einer Bank im Garten. Langfristig spricht aber alles für einen Arbeitsplatz „zuhause".[12]

Unordnung wird gerne für etwas Geniales gehalten. Unordnung sei das Zeichen großer Geister, hören wir oft und folgern daraus: *„Wer unordentlich ist, muss ein großer Geist sein."*

Zeitsparendes, zweckmäßiges und effektives Studieren beginnt bereits mit der Beachtung simpler arbeitsorganisatorischer Grundregeln. Überprüfen Sie daher Ihren Arbeitsplatz/Schreibtisch auf seine Ordnung, denn dieser repräsentiert einen Ort der Konzentration über einen längeren Zeitraum. Somit sollten Ihre täglich immer wieder benötigten Arbeitsmittel wie Bücher, Papier, Stifte, Terminkalender, Notebook, Karteien, u.v.m. ihren zweckmäßigen Platz haben. Ordnen Sie auch Ihre Bücher nach fachlichen Gesichtspunkten im Regal sowie die Vielzahl von gesammelten Fachzeitschriften, die sowohl zum Semesterbeginn als auch in den laufenden Semestern von den verschiedensten Verlagen kostenfrei (oftmals Probehefte) ausgelegt werden. Praktizieren Sie dabei aber keine Stapelorganisation („Haufenablage"), denn auch Studierende neigen meist sehr stark zum Sammeln, ohne vorher bzw. nachher zu sichten. Auch Studierende gehören zur Gattung der **„Jäger und Sammler"**, insbesondere was die zahlreichen Unterlagen/Zeitschriften/Firmenimagebroschüren betrifft, die auf Fachbereichstischen, vor Bibliotheken und AstA-Büros, auf den Fluren der Universitäten usw. zum Mitnehmen auffordern, in einer Tasche, einem Rucksack oder ähnlichem verstaut werden und dort ewig mitumhergetragen werden. Führen Sie mit diesen Behältnissen regelmäßig Feedbackgespräche, insbesondere dann, wenn die Tasche zu schwer und zu dick wird, indem Sie die Unterlagen entnehmen, sichten, sortieren und auch entsorgen.

„Ordnung erspart Suchzeiten und somit unnötigen Stress."

---

[12] Vgl. hierzu: Rost, F.: Lern- und Arbeitstechniken für das Studium, Berlin 2018, S. 85 ff.; ferner Roth, S.: Einfach aufgeräumt, Frankfurt 2007.

Um auch im Dschungel der digitalen Medien nicht den Überblick zu verlieren, müssen Sie sich auch digital strukturieren. Legen Sie sich frühzeitig ein kategorisiertes Ordnungssystem an, nach Gesichtspunkten wie Fachgebiete, Termine, besondere Vorlesungen usw. Nutzen Sie die 5S-Methode (hat ihren Ursprung in der Produktionswirtschaft) für mehr Ordnung an Ihrem studentischen Arbeitsplatz:

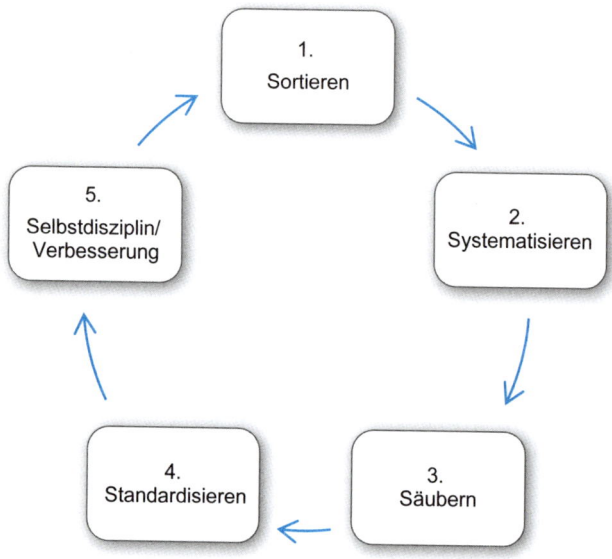

Diese Erkenntnisse sollten am Anfang Ihres Studiums stehen und nicht am Ende. Denken Sie immer daran, dass Ihr Studium wesentlich durch den Faktor „Zeit" bestimmt wird, daher sollten Sie Ihr Vorhaben „Studium" rechtzeitig, rational, effizient, überlegt und strukturiert planen und umsetzen. Gewöhnen Sie sich an Tages-, Wochen-, Monats- und Semesterpläne, auch die vorlesungsfreie Zeit gilt es sinnvoll berufsorientiert und zeitlich anzugehen.

Daher ist es nützlich, die Faktoren „Raum" (z. B. häuslicher Arbeitsplatz) und „Zeit", die eigene Lebensführung und die Studien-/Arbeitsmethodik im Zusammenhang zu sehen. Die komplexe und ganzheitliche Beachtung dieser ersten Faktoren zusammengenommen, gewährleistet schon frühzeitig Studierfreude und Studienerfolg. Es gibt nichts Schlimmeres, als nach einer angesetzten Selbststudienphase zuerst die Lernunterlagen suchen und zusammentragen zu müssen, bevor der Lernprozess beginnt, denn zu langes Suchen und Nicht-Finden führt zu Demotivation und frühzeitiger Einstellung der Selbststudienlernphase.

„Ordnung ist das halbe Leben und Ihr Arbeitsplatz die andere Hälfte."

6.4 Faktor Zeitmanagement

Zeit ist ein kostbares Gut, vom dem die gleiche Menge täglich zur Verfügung steht. Zeit gehört zu den kostbarsten Gütern und Ressourcen, die wir haben. Sie lässt sich nicht ersetzen, sie ist nicht vermehrbar und sie ist unwiederbringlich, wenn sie falsch oder gar nicht genutzt wird. Für das Studium ist es wichtig, dass es uns gelingt, die zur Verfügung stehende Zeit „optimal" und effizient zu nutzen, um einen effektiven Studienstil zu entwickeln (erreichbar durch effektive Studien- und Arbeitsmethodik sowie konsequente Zeitplanung).

„Machen Sie auch mit sich persönliche Termine aus."

Lernen Sie daher, mit Ihrer Zeit umzugehen[13] und diese mögliche Lücke im Studium zu schließen. So formuliert dies der Amerikaner *Harold B. Lee* wie folgt:

„Das wertvollste im Leben ist die Zeit – Leben heißt, mit der Zeit richtig umzugehen."

Fassen Sie frühzeitig „Zeitdiebe" (unproduktive Zeiten), indem Sie sich Kenntnis darüber verschaffen, wohin Ihre knapp bemessene Zeit geht, was Sie im Einzelnen tun und wie Sie dies erledigen. Möglich wäre hier die Durchführung einer **Selbstanalyse bzw. Zeitinventur** über mehrere Studientage zwecks Analyse des bisherigen Arbeitsstils und Ermittlung der Ursachen auftretender Mängel. Gehen Sie mögliche **„Zeitfresser/Zeitdiebe"** an und bekämpfen Sie diese. Diese könnten in Ihrem Studium z. B. sein:

- Keine Studienprioritäten (Sie lassen sich treiben), Ziellosigkeit
- Versuch, zu viel auf einmal zu tun

---

[13] Vgl. auch Püschel, E.: Selbstmanagement und Zeitplanung, München 2017, S 25 ff. und Riedenauer, M./Tschirif, A.: Zeitmanagement und Selbstorganisation in der Wissenschaft, München 2012.

- Fehlende Übersicht über geforderte Studienleistungen und Studienaufgaben sowie Öffnungs- und Sprechstundenzeiten (z. B. Bibliotheken, Professoren)
- Schlechte Studienplanung, z. B. Fachplanung, Vorlesungsräume, Selbstlernzeiten
- Individuelle Desorganisation
- Mangelnde Koordination, z. B. bei Selbstlerngruppen, Übungen, Repetitorien
- Störungen während der Selbstlernphasen
- Ablenkungen durch andere Studierende
- Unfähigkeit/Nichtwollen, kann nicht „nein sagen"
- Empfänglich für jede Art der Ablenkung
- „Aufschieberitis"

Zeitmanagement bedeutet die bewusste Steuerung der eigenen Aktivitäten. Dabei kommt es im Wesentlichen darauf an, nicht nur tätigkeitsorientiert zu handeln („Dinge richtig zu tun"). Die bewusste und systematische Nutzung des Faktors „Zeit" bringt Ihnen im Wesentlichen diese Vorteile:

- Aufgabenerledigung mit weniger Aufwand
- Effektivere Organisation der eigenen Studienarbeit
- Bessere Arbeitsergebnisse (Klausurergebnisse)
- Weniger Hektik und Stress, mehr Zufriedenheit und Ausgeglichenheit
- Größere Studienfreude und -zufriedenheit, dadurch höhere Motivation
- Qualifikation auch für höhere Aufgaben
- Zeit auch für „stille Stunden"
- Geringerer Arbeits- und Leistungsdruck
- Fehlervermeidung bei der Aufgabenerledigung
- Besseres Erreichen der Studienziele

Halten Sie sich an die Äußerung des römischen Philosophen *Seneca*, der schon vor zwei Jahrtausenden meinte:

> *„Es ist nicht wenig Zeit, was wir haben, sondern es ist viel Zeit,*
> *was wir nicht nutzen."*

Nutzen Sie auch die Zeit zwischen den einzelnen Lehrveranstaltungen effizient, denn selten erhalten Sie einen durchgängigen zeitlichen Vorlesungsplan. So kann es durchaus sein, dass Ihre erste Vorlesung z. B. von 8.15 bis 9.45 Uhr und die nächste Lehrveranstaltung von 15.15 bis 17.45 Uhr angeboten wird. Ferner kann es sein, dass Sie an 1–2 Tagen in der Woche keine Vorlesungen haben. Natürlich sind Kaffee- oder Teepausen in der

Mensa oder Cafeteria, mit anderen Studierenden kommunizieren und sich austauschen, mit Freunden zu telefonieren oder über soziale Medien zu konferieren u. v. m. auch notwendig und wichtig. Vergessen Sie aber nicht das Arbeiten in ihrer Lerngruppe, das Lesen in der Bibliothek, das Recherchieren in Datenbanken, die die Hochschulen während des Studiums zur Verfügung stellen usw. Effizientes Nutzen der Zeit auch auf dem Campus der Universität ist eine wichtige Förderung für Ihr Studieren und auch ein Stück Persönlichkeitsbildung.

6.5 Individuelles Zielsystem

Ziele sind Maßnahmen zur Beurteilung zukünftiger Handlungen. Erfolgreiches Studieren ist das Verwirklichen und die Umsetzung von Studienzielen. Ziele setzen heißt, dabei einerseits die vorhandenen latenten Bedürfnisse und Interessen des Studierenden in klare Absichten zu fassen und in konkreten Formulierungen auszudrücken (z. B. Bachelorstudium der Betriebswirtschaftslehre in 6 Semestern inkl. einem Auslandssemester), andererseits unsere Aktivitäten, unser Tun, auf diese Ziele, in diesem Falle Studienziele, und deren Erfüllung auszurichten (z. B. 5 Leistungsnachweise im I. Semester). Dadurch erhält Ihr Studium einen Sinn, eine Orientierung, ist Maßstab und Motivation zur Leistung sowie auch Kriterium zur Erfolgskontrolle (Evaluation). Walt Disney meint hierzu:

„Ein Mensch sollte sich seine Ziele so früh wie möglich stecken und alle seine Kraft und sein Talent dafür einsetzen, sie zu erreichen."

Setzen Sie sich Ziele (Studienziele, berufliche und persönliche Ziele), denn diese sind die Antreiber für unser Handeln und Tun, die Motivatoren, die unsere Aktivitäten bestimmen. Ohne klare Zielsetzung nützt auch die beste Arbeits- und Studienmethodik nichts. Dabei ist die Zielsetzung als permanenter, sich jeweils neuen Bedingungen anzupassender Prozess zu sehen, um zu wissen, wo wir hinwollen/nicht hinwollen (Selbstbestimmung) und nicht dort zu landen, wo andere uns haben wollen (Fremdbestimmung). Setzen Sie sich bewusst Studienziele, wie z. B. 3 Klausuren, 2 Präsentationen in diesem Semester. Orientieren Sie auch Ihre unbewussten Kräfte an diesem Tun und Handeln, denn Ziele dienen der Konzentration der Kräfte, in diesem Falle auf bestimmte Studienschwerpunkte. Erlauben Sie auch eine Revision ihres ursprünglichen Studienzielprozesses, indem Sie ein neues Ziel im Zeitablauf präferieren und ein vorheriges verwerfen, wie z. B. ein Praktikum bei einem interessanten Unternehmen anstatt eines geplanten Auslandssemesters. Das sich bewusst werden eigens gesetzter Ziele kann mit erheblicher Selbstmotivation für das Studium einhergehen.

Wie formulierte dies *Gotthold Ephraim Lessing*, ein deutscher Dichter der Aufklärung:

> *„Der Langsamste, der sein Ziel nicht aus den Augen verliert, geht immer noch geschwinder als der ohne Ziele umherirrt."*

Merke

Ziele – Ziffern – Zeiten (ZZZ) hören wir sehr häufig in Managementkreisen. Machen Sie sich dieses Prinzip auch für Ihr Studium zu eigen. Formulieren Sie Studienziele (z.B. Besuch der Vorlesungen a und b), quantifizieren Sie diese Ziele (z.B. Bestehen der Klausur mindestens mit der Note gut) und setzen Sie sich kurz-, mittel- oder langfristige Studienziele (z.B. 5 Leistungsnachweise pro Semester, Erreichen des Bachelorabschlusses in der Regelstudienzeit). Wer bewusst Ziele verfolgt, orientiert auch seine unbewussten Kräfte an seinem Tun (Selbstmotivation).

Setzen Sie sich also operative, kurzfristige Ziele, wie z.B. Semesterziele und langfristige, strategische Ziele, wie z.B. Studienabschluss mit der Note gut in 8 Semestern und verbinden Sie die Zielerreichung mit einem persönlichen Belohnungssystem (z.B. Shoppen gehen nach bestandenen Klausuren).

6.6 Terminplanung

Die Terminplanung legt Anfangs- und Endtermine für die Durchführung bestimmter Aufgaben fest. Dies trifft auch für Ihre Terminplanung vor Studienbeginn (Orientierungsphase) und während des Studiums zu. Halten Sie wichtige Studientermine in Ihrem Terminkalender schriftlich oder elektronisch fest, denn dies dient neben einem reibungslosen Semesterablauf auch der Gedächtnisentlastung und Dokumentation sowie Beweisführung. Wichtig sind dabei feste Termine, wie z.B.

- Studienberatung, z.B. Zulassungsfragen
- Schnuppertage an der Hochschule
- Gespräche mit Professoren und Assistenten, mit Lehrern/innen Ihrer Schule
- Standortführungen, z.B. Bibliothek, Rechenzentrum
- Bewerbungstermin (Studienplatz, Ferienjob, Praktikum)
- Immatrikulationstermin (gilt für jedes Semester aufs Neue)
- Beginn und Ende des Semesters (10. April bis 30. Juli)

- Termine für Klausuren, Abgabe von Hausarbeiten und Präsentationen, Prüfungen, Ausgabe des Bachelorthemas, Sprechstunde Professor/in
- Sprechstunden des Studierendensekretariats, Öffnungszeiten für Bibliothek, Prüfungsamt etc.
- Inanspruchnahme von zusätzlichen Beratungsdiensten, z. B. psychologischer Dienst

Die Erfahrungen über Jahre im Hochschulbereich zeigen sehr deutlich, dass viele Studierende insbesondere mit Ihren Studienterminen nachlässig umgehen. So darf es einfach nicht vorkommen, dass Klausurtermine sowie deren Anmeldefristen nicht richtig vermerkt werden (Studierende kommen nicht selten einen Tag zu spät), Abgabetermine für Hausarbeiten und Bachelorarbeiten nicht auf den Tag genau eingehalten werden (zu späte Abgabe) oder die Rückmeldung für das neue Semester verspätet erfolgt. Dies führt zu enormem zusätzlichen Stress, denn nicht erbrachte Leistungen werden mit mangelhaft bewertet.

Merke Die allgemeine Erfahrung der betrieblichen Praxis zeigt, dass durch einen Mehraufwand an Planungszeit weniger Zeit für die Durchführung benötigt wird. Verplanen Sie Ihr Studienleben, aber nicht nur durch zu viele fachliche Termine, vergessen Sie nicht die Termine für sich selbst. Halten Sie es mit *Mark Twain*:

„Wer sich zu viel vornimmt, dem kann auch viel misslingen."

6.7 Prioritäten

Setzen Sie auch im Studium Prioritäten, z. B. was ist besonders wichtig, was kann später gemacht werden, was verschiebe ich auf das nächste Semester? Werden Sie sich bewusst darüber, dass Sie nicht alles tun können und auch nicht müssen. Arbeiten Sie mit Prioritäten in der Aufgabenerledigung und beginnen mit dem für Sie Wichtigsten, insbesondere dann, wenn Sie z. B. sich zeitlich überschneidende Lehrveranstaltungen haben. Wichtige Tätigkeiten erkennen Sie daran, dass sie zur Erfüllung Ihrer Ziele, Träume, Wünsche, Interessen beitragen, während dringende Aufgaben z. B. durch einen Endtermin für eine Hausarbeit oder einen festen Klausurtermin gekennzeichnet sind.

Die ABC-Analyse stellt dabei ein Verfahren dar, um Aufgaben systematisch zu planen, zu rastern und die eigene Arbeitstechnik zu verbessern. Dabei orientiert sich die planbare Zeit an der persönlichen/studienrelevanten Bedeutung und dem Wert sowie der Dringlichkeit einer Aufgabe. Die Buchstaben A, B und C unterteilen dabei die Zuordnung der Aufgaben in drei Klassen, nach deren Wichtigkeit und Dringlichkeit für die Erreichung studienrelevanter und persönlich-privater Ziele. A-Aufgaben sind hierbei besonders wichtig und dringend, B-Aufgaben wichtig, aber nicht dringend und C-Aufgaben weniger wichtig bzw. nicht dringend.

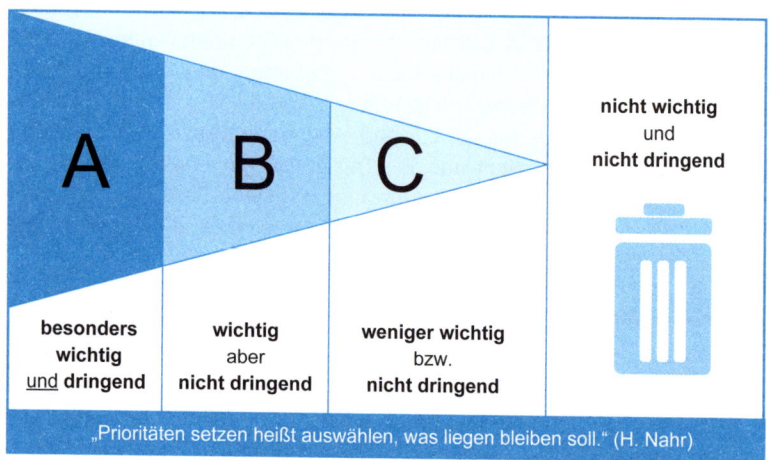

besonders wichtig <u>und</u> dringend

wichtig aber nicht dringend

weniger wichtig bzw. nicht dringend

nicht wichtig und nicht dringend

„Prioritäten setzen heißt auswählen, was liegen bleiben soll." (H. Nahr)

Merke

Denken Sie daran, dass die Dringlichkeit nichts mit der Wichtigkeit bzw. besonderen Bedeutung einer Aufgabe zu tun haben muss. Folgende Vorgehensweise bei der Prioritätenplanung könnte sinnvoll sein:

- Gezielt planen und eine Checkliste der anstehenden Aufgaben in diesem Semester führen

- Systematische Vorgehensweise (Monats- oder Wochenplanung), Prioritäten setzen und Termine reservieren/festlegen

- Trotz dieser Planung auch einigermaßen flexibel bleiben, um wichtige private Aufgaben und Termine für Freunde, Familie, Hobbies und andere schönen Dinge nutzen zu können

6.8 Selbstdisziplin

Bleiben Sie konsequent, beenden Sie Begonnenes. Konzentrieren Sie sich auf die Erreichung Ihrer kurz-, mittel- und langfristig gesetzten Studienziele. Lassen Sie sich bei der Realisierung der vorgenommenen Ziele nicht durch Andere oder Anderes beeinflussen. Die Verfolgung Ihrer Studienziele erfordert eine hohe Selbstdisziplin, innere Standfestigkeit und Durchhaltevermögen.

Die Selbstdisziplin ist ein stetiges und eigenkontrolliertes Verhalten, das einen Zustand wie das Studieren bzw. einen Studienabschluss aufrechterhält und herbeiführt, verbunden mit viel Anstrengung und Durchhaltevermögen.

Dies beginnt bereits beim Besuch von Vorlesungen, denn für die meisten Lehrveranstaltungen besteht keine Anwesenheitspflicht, Sie können im Prinzip fernbleiben oder später kommen. Dies gilt auch für die zeitlich erste tägliche Lehrveranstaltung (meist 8.15 Uhr) und die letzte Veranstaltung (z. B. bis 20.15 Uhr).

Halten Sie es mit dem chinesischen Lehrmeister und Philosophen *Konfuzius*, dessen zentrales Thema seiner Lehre die „menschlichen Ordnung" war.

„Wer sich selbst nicht regieren kann, was geht den das Regieren von anderen an."

Gerade am Anfang Ihres Studiums ist es besonders wichtig, die Vorlesungen regelmäßig und auch pünktlich zu besuchen. So erhalten Sie meist in der ersten Lehrveranstaltung des jeweiligen Studienfaches einen groben Überblick über die inhaltliche Struktur (Didaktik) bzw. den gedanklichen Aufbau der Vorlesung des jeweiligen Semesters, oftmals auch verbunden mit der Aushändigung einer Stoffgliederung inkl. Literaturempfehlungen, sei es in Papierform, nur verbalisiert oder im Rahmen einer PowerPoint-Präsentation (Zugangscode für die Lernplattform). Sie dient insbesondere als „roter Faden" und lässt Inhaltsschwerpunkte bereits erkennen (ausführliche Untergliederungen bestimmter Punkte). Ferner dient die inhaltliche Gliederung – falls Sie doch mal durch z. B. Krankheit verhindert sein sollten – einer schnellen fachlichen und gedanklichen Einordnung des derzeit behandelten Stoffes.

Früher oder später, wenn sich der anfängliche Eifer und die erste Studieneuphorie gelegt hat, werden Sie die eine oder andere Veranstaltung bedingt auch durch zeitliche Überschneidungen von Lehrangeboten versäumen. Dann sollten Sie alles daransetzen, herauszufinden, welche Gliederungspunkte Ihrer vorliegenden Vorlesungsdisposition besprochen wurden. Günstig in diesem Zusammenhang ist der frühzeitige Kontakt mit Kommilitoninnen und Kommilitonen, was oftmals durch die Masse der

Zuhörer erschwert werden kann. Wichtig ist daher die frühzeitige Bildung einer Lern- und Arbeitsgruppe, einer WhatsApp-Gruppe, die in vielen Studienangelegenheiten eine arbeitsteilige Vorgehensweise erlaubt.

Merke Selbstdisziplin ist ein wichtiger Bestandteil individueller Arbeits- und Studienmethodik. Selbstdisziplin gilt es zu haben bzw. auch zu trainieren, um einerseits nicht das aufgenommene Studium und dessen Inhalte schon frühzeitig zu verlieren (durch die hohen Freiheiten des Studiums) und ins Hintertreffen zu geraten, andererseits um nicht zum „Workaholic", zum Studiensüchtigen, zu werden.

6.9 Positiv denken, sich freuen und lachen können

„Positiv denken"[14] ist eine tief aus dem Inneren kommende Lebensanschauung und Lebenshaltung, die sich jeder, der bereit und offen dafür ist, erarbeiten kann. Der Schweizer *Roger Federer*, ein weltbekannter Tennisprofi, sagte hierzu in einem Interview:

„Ich denke immer positiv, ich glaube das hilft mir am meisten in schweren Zeiten."

Nichts in unserem Leben passiert, ohne dass wir hierfür die Weichen gestellt haben, d. h. wir sind für unser Handeln verantwortlich. Sehr oft sind wir leicht geneigt, Misserfolge auch im Studium „Zufällen", „besonderen Umständen" oder einfach dem „Schicksal" oder anderen Personen wie Mitgliedern der Lerngruppe anzulasten. Häufig werden auch Professoren/innen die Misserfolge im Rahmen einer Klausur angelastet – zu schwer, zu schlechte Bewertung, so nicht in den Lehrveranstaltungen besprochen usw. Denken Sie gerade bei dem letzten Vorwurf daran: Klausurrelevant ist nicht nur das, was in den Lehrveranstaltungen vermittelt wurde, sondern auch Ausführungen in der genannten Literatur.

Sie haben bereits einen ersten wichtigen Schritt in Richtung „positives Denken" gemacht, wenn Sie erkennen, dass alle Probleme von Ihnen ausgehen und daher auch wieder zu Ihnen zurückkehren. Nutzen Sie diese Erkenntnis und sorgen Sie für eine optimale Vorbereitung und einen po-

---

[14] Vgl. Vetter, G.: Mehr Lebensfreude durch positives Denken, München 1991, S. 40 ff.; Deale, N.V.: Positiv in den Tag. Dem Leben vertrauen, München 1993; Csikszentmihalyi, M.: Flow – Das Geheimnis des Glücks, Stuttgart 2018; Koeder, K.W.: Leading people, Marburg 2006, S. 41 ff.

sitiven Start in Ihr gewähltes Studienfach. Freuen Sie sich auf jeden vor Ihnen liegenden Tag.

Positiv denken heißt, das bekannte „halbvolle Glas" in einer bestimmten Situation zu sehen, also mehr die positiven Aspekte wahrzunehmen als die negativen. Positiv zu denken hat nicht nur für das Studium, sondern für das ganze Leben Vorteile. Ein positiver Blick auf Sie selbst und Ihre Erfolge stärkt das Selbstbewusstsein und das Selbstwertgefühl. So kann auch im Studium eine bestandene Leistung mit der Note ausreichend in einem für Sie schweren Fach ein Erfolg sein, dies gilt auch für eine im ersten Klausurversuch nicht bestandene Leistung. Dies sollte Sie dazu anspornen, es das nächste Mal besser zu machen. Positives Denken macht Sie ferner offen für Neues und hilft bei der Horizonterweiterung.

„Lachen ist die beste Medizin", dies ist nicht nur eine Redensart. Verordnen Sie sich eine „Lachtherapie", denn durch positive Gefühle lassen sich positive Veränderungen bewirken. Lachen, so schon frühzeitige Ergebnisse zahlreicher amerikanischer Untersuchungen und Publikationen[15], erhöht die Atmungskapazität und den Sauerstoffaustausch im Blut, die Muskelaktivität und Herztätigkeit und hat positive Auswirkungen auf Stress, Gesundheit und Immunfunktionen.

Lachen gleicht einer sportlichen Tätigkeit und ist für unsere Gesundheit außerordentlich wichtig. Eine humorvolle Lebenseinstellung ist eine wesentliche Voraussetzung gegen Herzkrankheiten, Depressionen und Stress. Machen Sie daher Spaß, Humor und Lachen zu einem festen Bestandteil Ihres Studiums und Ihrer Lerngruppe.

Schon der griechische Philosoph Aristoteles meinte: *„Lachen ist eine körperliche Übung von großem Wert für die Gesundheit."*

Sorgen Sie für einen optimalen Start in Ihr Studium. Freuen Sie sich auf die vor Ihnen liegenden Tage und Wochen. Beginnen Sie jeden einzelnen Tag positiv, indem Sie auch eine positive Atmosphäre schaffen. Gehen Sie am Tag vor wichtigen Studienveranstaltungen wie Klausuren, Präsentationen

---

[15] Vgl. Weinstein, M.: Managing to have Fun, New York 1996, S. 28 ff.; Grotjahn, M.: Vom Sinn des Lachens, München 1974; Moody, R.A.: Lachen! Über die heilende Kraft des Humors, Reinbek 1979; Koeder, K.W.: Leading people, Marburg 2006, S. 41 ff.

etwas früher zu Bett, um den neuen Tag ausgeschlafen und ausgeruht zu beginnen. Stehen Sie nicht erst in letzter Minute morgens auf, sondern nehmen Sie sich Zeit zum Frühstücken, Zeitung lesen oder zur morgendlichen Kommunikation mit Partner/in und Kommilitonen/innen. Besuchen Sie auch ohne Hast die Vorlesungen und Seminare. Seien Sie insbesondere bei Grundvorlesungen in überfüllten Hörsälen rechtzeitig vor Beginn der Veranstaltungen vor Ort. Dies gewährleistet Ihnen noch einen guten Sitzplatz neben Ihren studentischen Bezugspersonen und die Möglichkeit, durch das Überfliegen der letzten Manuskriptseiten/Charts der letztwöchigen Veranstaltung sofort gedanklich und inhaltlich den roten Faden für das neue Inhaltsgebiet des aktuellen Tages aufnehmen zu können. Das meist unbequeme Sitzen auf der Treppe des Hörsaales oder auf der Fensterbank während der Vorlesung stört in erheblichem Maße die Aufmerksamkeit, die Konzentration und die Aufnahmefähigkeit.

Merke Planen Sie jeden Tag etwas, auf das Sie sich besonders freuen können. Dies sind oftmals auch kleine Dinge außerhalb des Studiums, denn Freude ist ohne Zweifel ein Lebenselixier. Ein altes Sprichwort sagt: *„Vorfreude ist die schönste Freude".* Versuchen Sie sich jeden Studientag etwas vorzunehmen (kleine Ziele), auf das Sie sich freuen können. Ganz egal, ob es sich um einen gemütlichen Nachmittag oder Abend, einen Theater- oder Kinobesuch, einen Kneipenbummel, einen Spaziergang, sportliche Aktivitäten, die Diskussion in Ihrer Lerngruppe usw. handelt. Die Motivation hierfür ist sehr individuell geprägt, soll Spaß machen und Lachen fördern.

Halten Sie es abschließend hierzu mit Theodor Fontane, der meinte (leicht abgewandelt): „Wer *etwas schaffen will, muss fröhlich sein"*, dies gilt auch für ein Studium.

6.10 Arbeitsrhythmus und Leistungskurve

Normalerweise passt sich der Arbeitsrhythmus dem Rhythmus der Natur, dem Tages- und Nachtrhythmus an. Er bestimmt auch die Zeit des Schlafens und des Wachseins. Zusätzlich gibt es aber noch andere Rhythmen, wie z. B. bei Jugendlichen den Entwicklungs- und Wachstumsrhythmus, zeitliche Rhythmen wie Tages-, Wochen- oder Jahresrhythmus. Den Rhythmus können wir dabei als Wiederkehr des Ähnlichen bezeichnen, er hebt uns hoch und lässt uns dann auch absinken. Dieses Auf und Ab ist ein Kennzeichen aller Phasen in unserem Leben, so auch im Arbeits- und Studienleben.

Den natürlichen Arbeitsrhythmus zu beachten, kann die Effizienz für Ihre Studien merklich erhöhen. Dieser entspricht am ehesten der natürlichen Arbeitsweise des Gehirns, das Phasen hoher Konzentration und Regenerationsphasen abwechselt. Ein Vorlesungstag ist in Intervalle von 90 Minuten Vorlesungszeit und 15 Minuten Pausenzeit eingeteilt. Dies bedeutet, dass Sie während der Lehrveranstaltung auch konzentriert arbeiten sollten, keine E-Mails, kein Internet, keine nachbarschaftlichen Gespräche u.v.m. tätigen. In der Viertelstunde Pause zwischen zwei Vorlesungen oder der verlängerten Mittagspause sollten Sie dann auch eine richtige Pause, möglichst an der frischen Luft, einlegen. Die effiziente Nutzung der Pausenzeiten ist ferner deshalb wichtig, da Sie im Gegensatz zu Unterrichtsveranstaltungen in der Schule Vorlesungszeiten über den Tag verteilt angeboten bekommen (z.B. zwischen 8.15 und 20.15 Uhr), mal geballt, dreimal 90 Minuten hintereinander, mal gestreckt, eine Vorlesung morgens, eine am frühen Abend. Behalten Sie diesen Arbeitsrhythmus auch für Ihr Selbststudium bei, eine Kombination von Arbeits- und Pausenzeiten.

Die Basis für einen effizienten Studientag legen wir schon morgens: Wer sich morgens Zeit nimmt, für das was ihm guttut und das Freude macht, ist produktiver, gelassener, glücklicher und somit effizienter.

Der Rhythmus, in dem Ihre Studienarbeit abläuft, findet seinen Niederschlag in der Leistungskurve. Jeder Mensch unterliegt in seiner Leistungsfähigkeit bestimmten Schwankungen. Je nach Tageszeit sind wir auf Aktivität, Entspannung, Ruhe oder Essenszeit eingestellt. Die Einen (z.B. Morgenmenschen) arbeiten besonders gut und effektiv vormittags, sie ermüden nachmittags und benötigen den Abend zur Regeneration. Andere wiederum laufen erst um die Mittagszeit zu großer Form auf und arbeiten sehr gerne und auch effektiv abends bis in die Nacht hinein. Keiner der beiden genannten Grundtypen arbeitet effektiver bzw. weniger effektiv als der andere, ihre tägliche Leistungsbereitschaft ist lediglich zu unterschiedlichen Zeitpunkten hoch oder niedrig.

Erfolgreiches Studieren benötigt ein Höchstmaß an Konzentration und Engagement. Wichtige Studienaufgaben, wie z.B. das Lernen für eine Mathematikklausur, sollten in den Zeiten erfolgen, in denen Sie besonders aktiv und leistungsfähig sowie leistungsbereit sind. Dafür ist es wichtig, seine Leistungskurve zu kennen und zu berücksichtigen. Sind Sie mehr ein Tagesmensch (eine „Lerche",) oder liegen Ihre Aktivitäten mehr am Abend oder in der Nacht („Eule")? Ist Ihr Leistungshoch am frühen Vormittag oder meist am späteren Abend? Die Höhepunkte der Leistungsfähigkeit liegen bei den meisten Menschen vormittags, gefolgt von einem Mittagstief und einem Zwischenhoch am frühen Abend. Danach fällt die Leistungskurve kontinuierlich.

Johann Wolfgang von Goethe sagte zu dieser Zeitproblematik:

> *„Der Mensch kann Unglaubliches leisten, wenn er die Zeit einzuteilen*
> *und recht zu nutzen weiß."*

Orientieren Sie sich von ihren Studienaufgaben her möglichst an Ihrem persönlichen Tagesrhythmus (Leistungshöhepunkte/Leistungstiefs), den Sie ja bestimmt durch Selbstbeobachtung auch aus der Schulzeit kennen. Liegen Ihre Leistungshöhepunkte am Vormittag, versuchen Sie wichtige Studienveranstaltungen, Schreiben von Hausarbeiten etc. auf Vormittage zu legen (A-Aufgaben). Liegen Leistungstiefs in der Zeit nach dem Mittagessen, versuchen Sie nicht gegen Ihren biologischen Rhythmus zu arbeiten, entspannen Sie sich (z. B. spazieren gehen, Tee trinken, Jogging) und nutzen Sie diese Zeit für Gespräche, soziale Kontakte, einfache Tätigkeiten. Legen Sie nochmals einen Zahn zu am frühen Abend für z. B. Vorlesungen oder Lerngruppenarbeit. Nutzen Sie Ihren natürlichen Rhythmus, dem Ihre Leistungsfähigkeit unterworfen ist, für Ihre Studiengestaltung.

Denken Sie immer daran, dass eine völlige Umstellung des jeweils natürlichen Rhythmus sich nicht gerade als leistungs- und motivationsfördernd erwiesen hat, so z. B. überall dort, wo die Nacht zum Tag gemacht wird, wo die Nacht zum Zeitraum des Arbeitens wird, der Tag hingegen zum Schlafen genutzt wird. So ist erwiesen, dass es bei Nachtschichtarbeitern in Unternehmen oftmals zu seelischen Störungen verbunden mit organischen Schäden kommt.

Viele Gespräche und Diskussionen mit Studierenden der letzten 25 Jahre zeigen, dass auch während des Studiums, insbesondere für die Vorbereitung schriftlicher Arbeiten wie Klausuren, Hausarbeiten, Referate, Präsentationen usw. sehr häufig die Nächte zu Tagen gemacht werden.

Merke Denken Sie daran, dass die Leistungsfähigkeit und die Leistungsbereitschaft des Menschen an den Tag gebunden ist (Erlebenszeit), dies hängt u. a. auch mit der Lichteinstrahlung zusammen, denn Dunkelheit wirkt nicht energieaufladend. Dies trifft auch in gewisser Weise auf die Einteilung Sommer- und Wintersemester zu. Dabei artikulieren die Studierenden sehr häufig, im Sommersemester leistungsfähiger zu sein, als im oftmals düsteren, tagsüber früh dunkel werdenden Wintersemester.

6.11 Literatur„berge"

Die Umstellung von der Schule auf eine Universität ist anfangs nicht ganz einfach, wie bereits bemerkt. Dies liegt vor allem auch an den Leistungsanforderungen, am wissenschaftlichen Sprachgebrauch und den sprachlichen Formulierungen in Vorlesungen und der Literatur, die es nicht nur zu lesen, sondern auch zu verstehen gilt. Texte aus Schulbüchern dienen primär der Vermittlung von Wissen in methodisch und pädagogisch sinnvoller und ausgewogener Form. Wissenschaftliche Texte und Abhandlungen sind vom Sprachgebrauch oftmals komplizierter und vom Erkenntniswert her viel komplexer.

Welches Studienfach Sie auch gewählt haben, Sie werden für dieses Studium eine Fülle fachwissenschaftlicher Literatur nicht nur lesen, sondern durcharbeiten und verstehen müssen, denn Studieren bedeutet sich anzustrengen, die Bücher zu durchdringen und sich mit einer Vielzahl von Literaturmeinungen zu bestimmten Wissensgebieten und Fragestellungen kritisch auseinanderzusetzen. Es ist also nicht mit den Erkenntnissen *einer* Literaturstelle bzw. *eines* Autors getan. Sie werden eine Vielzahl von Büchern und Zeitschriftenbeiträgen lesen müssen. Dieser Meinung war auch der deutsche Dichter und Schriftsteller *Heinrich Heine*, der da schrieb:

„Von allen Welten, die der Mensch erschaffen hat, ist die der Bücher die Gewaltigste."

Beim Studienstart handelt es sich meist um allgemeine Lehrbücher und Grundlagenliteratur, die einen Überblick über ein fachwissenschaftliches Thema geben, meist auch in kurzer Form. Arbeiten Sie sich vom dünnen zum dicken Buch vor, vom Allgemeinen zum Besonderen, vom leichten zum schweren Text. Später gewinnen dann Monographien – Abhandlungen über ein wissenschaftliches Spezialgebiet – Fachzeitschriften und wissenschaftliche Beiträge/Untersuchungen auch im Internet (z. B. Datenbank Google Scholar), in denen die neuesten fachlichen und wissenschaftlichen Entwicklungen (aktuelle Forschungsergebnisse) publiziert werden, verstärkt an Bedeutung.

Stellen Sie sich auch frühzeitig – je nach Studiengang – darauf ein, dass ein großer Teil der Literatur, die durchzuarbeiten ist, in einer Fremdsprache, oftmals Englisch, geschrieben ist. Sprachkenntnisse, insbesondere Kenntnisse der englischen Sprache, sind daher für viele wissenschaftliche Studiengänge und Studienfächer unumgänglich und auch gefordert, nicht nur für englischsprachige Lehrveranstaltungen.

Meist erhalten Sie von Ihrem Professor/in zum Vorlesungsstart im neuen Semester eine Literaturempfehlungsliste von Büchern und Zeitschriften, die die Vorlesung flankierend begleiten und angerissene Themenspektren vertiefen. Dies bedeutet aber nicht, dass Sie sofort losrennen und alles kaufen bzw. aus der Fachbereichsbibliothek leihen. Sie müssen oftmals auch nicht die gesamten Bücher durcharbeiten, sondern nur die Kapitel, die für unterschiedliche Gliederungspunkte des Lehrstoffes im Semester relevant sind. Somit können Sie sich auf diese Abschnitte der jeweiligen Buchliteratur konzentrieren.

Die Literatur auf der Empfehlungsliste der Lehrenden für die einzelnen Fachgebiete und Lehrveranstaltungen müssen Sie nicht komplett lesen, aber sichten und anlesen. Sind dann Werke und Texte dabei, die sprachlich verständlich, nicht zu wissenschaftlich und nicht zu kompliziert sind, sollten Sie damit beginnen, sich zu Studienbeginn vom Leichten zum Schweren durchzuarbeiten. Schwere Literatur, die nicht verständlich ist, demotiviert gerade in der Anfangsphase Ihres Studiums. Sollten Sie sich in Sachen Studiengang schon vor dem Abitur entschieden haben, ist ein Lesen bestimmter Grundlagenliteratur und Beiträge empfehlenswert.

Sie sollten auch nicht den Fehler machen, jedes Fachbuch von der ersten bis zur letzten Seite zu lesen und durchzuarbeiten, und dies noch bei einem Seitenumfang von bis zu 800 Seiten und mehr, was nicht selten ist. Meist werden Sie mit einer bestimmten Frage-/Problemstellung nach einem Fachbuch greifen oder im Internet recherchieren. Dann genügt es, dass Sie das Wichtige herausfinden und es sich lesend erarbeiten. Nutzen Sie für die Erarbeitung fachwissenschaftlicher Inhalte (falls das Werk Ihnen gehört) Stift und Papier, d. h. lernen Sie frühzeitig beim Lesen Wichtiges zu markieren oder herauszuschreiben (exzerpieren), wobei sie sich gerade beim Exzerpieren die schaubildhafte Darstellung der Inhalte in Übersichten, Abbildungen, Tableaus etc. angewöhnen sollten, denn Visualisiertes und farblich Markiertes bleibt stärker im Gedächtnis haften, denn der Mensch ist ein „Augentier". Auch Mindmapping als Mitschreibemethode bietet hier Hilfestellung, indem Sie von einer Überschrift ausgehend (Mitte des Blattes) über Verästelungen (Teilthemen/Kernaussagen) in Rundform darstellen. Wichtig ist ferner, dass es beim Lesen nicht auf die Schnelligkeit ankommt, sondern auf gründliches, intensives und vor allem verstehendes kritisches Lesen.

Möchten Sie aktuelle Informationen über die neuesten wissenschaftlichen Erkenntnisse und Forschungsergebnisse eines Fachgebietes in komprimierter, verdichteter Form gewinnen, bedienen Sie sich vorrangig der Fachzeitschriften, die jedem Fachgebiet, jeder Fachwissenschaft eigen sind. Diese bieten neben aktuellen, zeitnahen Informationen über neueste fachwissenschaftliche Erkenntnisse in Wissenschaft und Praxis auch eine Fülle von Literaturangaben zum Abschluss der jeweiligen Abhandlung. Sie müssen diese Fachzeitschriften nicht kaufen oder abonnieren, denn diese liegen meist in den Fachbereichsbibliotheken aus bzw. Sie können über Ihren Studierendenaccount über das Hochschulnetzwerk oder eine Remote-Desktop-Verbindung direkt auf die Bibliotheksschriften wie eBooks,

Datenbanken, Zeitschriftenbeiträge in elektronischer Form usw. auch von zuhause aus zugreifen. Einen ebenfalls sehr schnellen und oftmals komprimierten Überblick zu fachwissenschaftlichen Beiträgen bietet eine Recherche im Internet wie z. B. über Google Scholar.

Neben diesen Fachbeiträgen finden Sie darüber hinaus oft auch eine Fülle von Zusatzinformationen wie z. B. Buchbesprechungen/Rezensionen, Publikationsankündigungen, Berichte über Symposien, Tagungen, Kongresse oder Seminarangebote. Aktualisieren Sie ferner von Zeit zu Zeit Ihre kleine Handbibliothek. Sie wird vor allem dann wertvoll und wirkt motivierend, wenn Sie während einer häuslichen Selbststudienphase auf einen Fachbegriff stoßen, dessen Bedeutung Sie aus einem präsenten Fachbuch oder einem Online-Lexikon entnehmen können, das fachwissenschaftlichen Standards entspricht.

In diesem Zusammenhang taucht immer wieder die Frage nach der Einrichtung einer eigenen **„Handbibliothek"** am häuslichen Arbeitsplatz auf. Sie lohnt sich, wobei Sie eine sorgfältige Auswahl der anzuschaffenden Bücher treffen sollten. Wichtig für Ihre Schreibtischarbeit ist meines Erachtens ein Fachlexikon zum jeweiligen Studiengebiet zum Nachschlagen oftmals noch unbekannter Fachbegriffe (z. B. Wirtschaftslexikon, Lexikon der Psychologie). All dies könnte natürlich auch in eBook-Form vorliegen. Selbstverständlich können Sie auch für eine erste Orientierung z. B. in Wikipedia suchen, aber denken Sie daran, diese Beiträge sind für die Zitation in einer Hausarbeit ungeeignet, da auch kein Autor aufgeführt ist und die Korrektheit des Geschriebenen oft umstritten ist. Interessante Erklärungen zu Fachthemen/Fachbegriffen finden Sie auch immer häufiger in Youtube-Lerntutorials.

Halten Sie es in begrenztem Umfang mit *Marcus Tullius Cicero*, einem bedeutenden Schriftsteller der römischen Antike, der sagte:

„Wenn du einen Garten und eine Bibliothek hast, wird es dir an nichts fehlen."

Für die kleine Hausbibliothek eignen sich ferner Bücher, die grundsätzliche Bedeutung für das Fach haben (z. B. einführende Grundlagenwerke) sowie Ergänzungs-, Vertiefungs- bzw. Spezialliteratur zu spezifischen Fachschwerpunkten. Merken Sie sich: Zu allen Studienrichtungen, sei es die Psychologie, die Soziologie, Jura, BWL usw. gibt es Bücher namhafter Fachwissenschaftler, die „gelesen werden müssen und auch in Hausarbeiten zitiert werden sollten". Bücher von Fachleuten, die ein Fachgebiet nicht nur reproduzierend beschreiben, sondern auch eigene Konzepte und Strategien entwickelt haben und dafür bekannt sind.

Sollte sich Ihr Studienwunsch erfüllt haben, fangen Sie frühzeitig an, sich einem intensiven Literaturstudium zu widmen. Und nochmals: Arbeiten Sie sich von dünnen zu dickeren Büchern durch, von leichten zu schweren, wissenschaftlich-geschriebenen Texten und verinnerlichen Sie sich die Aussage von Wilhelm Raabe, einem deutschen Schriftsteller,

> „Erst durch das Lesen lernt man, wieviel man ungelesen lassen kann."

Durch Rankings, Exzellenzinitiativen, der Festlegung von Eliteuniversitäten wie z. B. der TU in Aachen oder Karlsruhe und weiteren vielfältigen Vergleichen der Hochschulen untereinander, stehen diese heute in starker Konkurrenz zueinander. Ähnlich wie in Unternehmen hat auch in den Hochschulen und ihren Fachbereichen der Kampf um die besten Studienbewerber („war for talents") begonnen. Oftmals findet eine Auslese über Vorstellungsgespräche und Tests statt.

All dies führt zu einer vermehrten Profilbildung und macht daher auch vor den Bibliothekstüren nicht halt. So sprechen wir heute von Laptopuniversität mit Schwerpunkten in virtuellem Lernen, digitalem Lernen und Blendet Learning (Online-Lernen mit Präsenzphasen), das eine Bibliothek durch die Bereitstellung elektronischer Angebote unterstützt. Bei Ihrem Bibliotheksrundgang zu Beginn des Semesters erhalten Sie hierzu viele Anregungen, nützliche Hinweise und nehmen Sie an Angeboten zur Einführung in die Anwendung dieser neuen Medien teil, denn, so der britische Schriftsteller Aldous Huxley:

> „Wer zu lesen versteht, besitzt den Schlüssel zu großen Taten,
> zu unerträumten Möglichkeiten."

Ferner ist ein geführter Rundgang durch die Bibliothek, die Informationen zur Nutzung von Datenbanken und die Einführung in Recherchemöglichkeiten u. v. m. wichtig für das Studium.

6.12 Ordnungsmittel

Es gibt eine Reihe von Ordnungsmitteln, die das geistige Arbeiten, das Studieren, wesentlich vereinfachen und erleichtern. Die nachfolgend genannten Instrumente, die zu einer Geordnetheit des Studiums und der Lerninhalte beitragen, mögen heute etwas antiquiert klingen, aber sehr viele Studierenden bestätigen, diese Ordnungsmittel auch heute noch verstärkt einzusetzen.

Wie am Arbeitsplatz in einem Unternehmen oder einer sonstigen Institution gehört natürlich der Einsatz und der Umgang mit einem Notebook, einem Tablet oder einem PC zum Standardwerkzeug effizienten und ökonomischen Studierens. Diese Lernmittel erleichtern die Literaturrecherche und das Schreiben umfangreicher Dokumente und Abhandlungen wie Hausarbeiten, Referate, Bachelor- oder Masterarbeiten ganz enorm und bieten für die Präsentation von Arbeiten in Studienschwerpunkten wertvolle Hilfestellungen (Beamerpräsentation). Gerade das Verfassen wissenschaftlicher Arbeiten, die sich sehr häufig durch Abbildungen und Tabellen, einen umfassenden Fußnoten- oder Anmerkungsteil (Zitation) auszeichnen, sind ohne Computer und dementsprechende Software nicht mehr vorstellbar. Dabei hängt die Software auch stark von den jeweiligen Studienfächern ab. Meist existieren an den Universitäten und Hochschulen Terminal- oder Workstation-Pools, die mit der gängigen fachspezifischen Software ausgerüstet sind.

Machen Sie sich frühzeitig, schon vor dem Studium, schlau darüber, welche Einführungsveranstaltungen und Kurse zum Umgang mit der für das Studium wichtigen Software, z. B. Textverarbeitung, LaTeX, Powerpoint, Excel usw. angeboten werden (häufig in der vorlesungsfreien Zeit).

Insbesondere zum Lernen für Klausuren, mündliche Prüfungen usw. benötigen wir meist viel Zeit und Mühe und eine möglichst flexible Lernlösung, um relevante Inhalte möglichst zeitsparend und sicher zu lernen. Dabei kommen als Ordnungsmittel oftmals Lernkarteien[16], auch mit digitalen Karteikarten, zum Einsatz. Gerade Karteikarten zählen zur ältesten und bekanntesten Methode, sich komplexe Lerninhalte anzueignen. Vom Grundprinzip her einfach: Frage auf die eine, Antwort auf die andere Seite der Karte notieren. Zum Karteikarteneinsatz im Studium gibt es zwischenzeitlich eine Reihe von wissenschaftlichen Erkenntnissen, dieses Lerninstrument noch effizienter einzusetzen.

Es gibt drei Arten von **Karteikarten**: selbsterstellte, fertig gekaufte sowie Online-Karteikarten. Inhaltlich lassen sich zwei Arten unterscheiden, zum einen Frage-Antwort-Karten, zum anderen Sachverhaltskarten. Der Vorteil selbst erstellter Karten ist insbesondere darin zu sehen, dass das Erstellen der Karten bereits eine aktive Form des Lernens ist, ein Nachteil ist ihre zeitaufwendige Erstellung.

Dabei können Leitkarten Überschriften zu größeren Themengebieten (Gliederungspunkten der Stoffagenda dieser Vorlesung) tragen, während Einzelkarten Angaben zu Fragestellungen beinhalten, die Sie aus Büchern, Zeitschriften, Vorlesungsinhalten usw. schöpfen. Diese Karteiorganisation hält die Einzelheiten Ihrer Fachsammlung zusammen und bietet Ihnen jederzeit die Möglichkeit, die Lerninhalte zügig nach bestimmten Sachgesichtspunkten zu ordnen, diese auf ein Ziel hin zu entwickeln und inhaltlich sowie stilistisch in eine lernadäquate Form zu bringen.

Neue Inhalte aus Lehrbüchern und Vorlesungen lassen sich systematisch in das bereits Vorhandene einfügen. Mittels geordneter Schlagwörter (Fachgebiete) oder anderen Ordnungskriterien lässt sich das jeweils Gesuchte

---

[16] Vgl. auch Eco, U.: Wie man eine wissenschaftliche Abschlussarbeit schreibt, Heidelberg 2010, S. 140ff.; Leitner, S.: So lernt man lernen, Freiburg 2011.

später leicht finden. Somit entwickelt sich Ihre Kartei – in Kooperation mit Ihren Vorlesungsmitschriften, Charts der Professoren, Büchern und Zeitschriften – zu einem privaten Lexikon für ein bestimmtes Fachgebiet. Dieses „papierne Gedächtnis" kann unser „natürliches Gedächtnis" erheblich entlasten. Richtig und aktuell geführt und angeordnet stellt diese Kartei ein ideales Lerninstrument für Ihr Studium dar, das gegenüber Fachbüchern den Vorteil hat, nie zu veralten.

 Aus pädagogischer und lernpsychologischer Sicht sprechen folgende Punkte für den Aufbau eines Karteiensystems:

- Einordnung neuer fachlicher Erkenntnisse z.B. aus Lehrveranstaltungen in eine bereits bestehende systematische Gliederung;
- Kartei ist teilbar (Fachgebiete) und kann somit für das Selbststudium an den unterschiedlichsten Lernorten z.B. Bahnfahrt, Wartezimmer Zahnarzt, genutzt werden;
- Sie finden fachlich Wesentliches, z.B. Definitionen, Formeln auf engstem Raum platziert;
- Pädagogischer Nutzen des Karteikartensystems liegt in der Wiederholung ganz im Sinne der Aussage **„Repetitio est mater studiorum"**.

  Dabei kann folgende Wiederholens-Methodik sinnvoll sein:

  + Stapel für die gekonnten bzw. gelernten Karten
  + noch nicht gekonnte Karten auf den anderen Stapel
  + gleiche Lernweise bei den noch nicht gekonnten Karten (bis alles beherrscht wird)

Somit liegen immer zwei Stapel vor, wobei der Stapel der fachlich beherrschten Karten größer wird, bis nur noch ein Stapel vorliegt.

Festigen Sie das Wissen dauerhaft, indem die gekonnten Karten ständig wiederholt werden.

Lerneffekt liegt insbesondere im eigenständigen Erstellen/Schreiben von Karteikarten auch wenn deren Erstellung im ersten Moment zeitraubend und mühsam ist.

Mittlerweile gibt es unzählige Anbieter von flexiblen digitalen Karteikarten-Systemen über Internet, Software oder Smartphone-App. In Abhängigkeit vom Anbieter lassen sich Karteikartensätze komplett selber erstellen oder bestehende fertige Karteikarten um eigene ergänzen bzw. mit eigenen Notizen versehen. Ein Vorteil der digitalen Karteikarten ist, dass diese um eigene Notizen erweiterbar sind und dann automatisch nach bestimmten zeitlichen Intervallen zum Wiederholen und Festigen des Lernstoffes erneut vorgelegt werden. Passen Sie den Inhalt der Karten Ihrem Lerntyp und dem zu lernenden Stoff an. Lernkarten eigenen sich insbesondere zum Lernen von Definitionen und Faktenwissen. Gesamtzusammenhänge lassen sich schwer darstellen.

6.13 Formale Orientierungshilfen

Orientieren Sie sich frühzeitig, intensiv und umfassend an wichtigen, den Studieneinstieg und den Studienverlauf betreffenden Verzeichnissen, Plänen, Verordnungen, Gesetzen, hochschulindividuellen Hilfen usw. und verschaffen Sie sich einen Überblick, um auch Ihre Studienwahl in die richtige Richtung zu bewegen. Hierzu bieten heute insbesondere die zahlreichen Internetquellen der jeweiligen Hochschulen und Universitäten interessante und wichtige Informationen zur Orientierung. Schauen Sie sich dabei nachfolgende Anregungen genau an, denn Orientierungsanregungen gehören zum Lernen und verinnerlichen Sie den Grundsatz des Personalberaters *Martin Wegemund*, der sagte:

„Information ist die Wiege des Wissens."

- **Studienwahlinformationen**

Aufgrund der Vielzahl von Universitäten und Hochschulen gibt es natürlich auch eine Vielzahl an Studiengängen. So gibt es Hochschulen, an denen Sie sehr viele Studienfächer studieren können und an anderen werden nur vereinzelt schwerpunktbezogene Studiengänge angeboten. Dabei ist die Entscheidung für einen Studiengang von einer Fülle von Faktoren abhängig, wie bereits beschrieben. Im späteren beruflichen Alltag werden Sie lernen, Entscheidungen unter Berücksichtigung einer Vielzahl von Informationen und auch Unwegsamkeiten (Imponderabilien) und Prämissen zu treffen. Besonders wichtig für die Entscheidungsfindung sind Ihre Interessen, ihre Neigungen und auch Qualifikationen, die Sie im Rahmen des Abiturs und Ihrer Sozialisationsphase (Erziehungsphase) erworben haben. Aber auch das Brennen nach einem bestimmten Fachgebiet, die Neugierde und die besondere Motivation sind ausschlaggebend. Andere Faktoren sind der Studienstandort (vielleicht in der Nähe Ihres Elternhauses), das Renommee/Image einer Hochschule, Freunde, die bereits dort studieren u. v. m.

Machen Sie sich vielfältig schlau, nutzen Sie Beratungsangebote, z. B. von der Agentur für Arbeit, von Ihren Fachlehrern in der Schule, hochschulinternen Beratungsstellen, Gespräche mit Studierenden höherer Semester, Gespräche mit Berufstätigen, die das, was Sie vorhaben, studierten, Gespräche mit studierenden Freunden u. v. m. Es gibt sogar Studieninteressenstests, z. B. SIT und Studienorientierungstests, die im Internet teilweise kostenlos angeboten werden. Entscheiden Sie sich primär nicht für einen Studiengang, der nur hohe berufspraktische Verwertbarkeit nach dem Abschluss bietet, z. B. Ingenieurwissenschaft, Betriebswirtschaft; ein Studienfach muss insbesondere Ihren Interessen und Neigungen entsprechen, Sie müssen auch ein Stück „verliebt" in dieses Studienfach sein.

In immer mehr Fällen ist es unvermeidbar, dass sich trotz umfassender Beratung und Recherche das gewählte Studienfach als eine Fehlinvestition entpuppt. Sollte dies eintreten, ist es möglich, das Studienfach zu wechseln. Je nach neu gewähltem Studienfach können bis zum Wechsel erbrachte Leistungen für einen neu gewählten Studiengang angerechnet werden.

- **Vorlesungsverzeichnis**

Das Verlesungsverzeichnis ist eine wichtige Orientierungsgröße, wenn Sie sich am gesamten Studienangebot einer Universität orientieren wollen, z. B. Fachbereiche mit Studienschwerpunkten oder wenn Sie Ihren Studienplan semesterweise zusammenstellen. Dieses Verzeichnis steht an manchen Universitäten allen Interessierten frei zu Verfügung (in schriftlicher Form), meist aber in elektronischer Form im Internet der jeweiligen Studieneinrichtung. Es enthält alle Lehrveranstaltungen inkl. Angaben zu Ort und Zeit ihres Stattfindens, oftmals kurze Inhaltsbeschreibungen und Zusatzinformationen zu den einzelnen Lehrveranstaltungen. Ferner finden Sie wichtige Hinweise auf Einführungsveranstaltungen und Studienberatungsmöglichkeiten insgesamt oder bezogen auf die jeweiligen Fachbereiche. Sie brauchen i. d. R. etwas Übung, die oftmals sehr umfangreichen Vorlesungsverzeichnisse richtig zu lesen und benutzen zu können. Ganz wichtig sind hier insbesondere Hilfestellungen und Anregungen, die Ihnen Studierende höherer Semester bieten können.

Noch ein weiterer Tipp für den Studieneinstieg: Die Zeitangaben für den Beginn von Lehrveranstaltungen wie Vorlesungen und Seminare stimmen verschiedentlich nicht mit dem realen Beginn der Veranstaltung überein, z. B. 9.00 Uhr Beginn lt. Vorlesungsverzeichnis, 9.15 Beginn in Wirklichkeit. Stellen Sie sich öfters auf das sog. akademische Viertel ein, gekennzeichnet durch „c.t." (=cum tempore) hinter der Zeitangabe. Im Gegensatz dazu kennzeichnet „s.t." (= sine tempore), dass der wirkliche Beginn mit der Zeitangabe übereinstimmt.

Ferner finden Sie in Vorlesungsverzeichnissen und Internetauftritten der Hochschulen auch Informationen zu einzelnen Fachbereichen, Professoren/innen und Mitarbeitern/innen der Hochschule, Hochschulgremien, der Hochschulverwaltung und -organisation usw.

- **Erst-Semester-Informationen**

Diese Informationen sind für Studienanfänger ganz wichtig. Mit einem Studium verändert sich Vieles in Ihrem Leben, denn die Universität/Hochschule ist nicht nur ein Ort zum Lernen/Studieren, sondern auch zum Leben und dient der Persönlichkeitsentwicklung. Hörsaal statt Klassenzimmer, Hausarbeiten statt Abiturprüfung, viele neue Kommilitonen, für viele auch eine neue Stadt, der Spagat zwischen Freiheit und Pflicht, zwischen Stundenplan und eigenen Interessen usw. Der Start ins Studium bringt viele Veränderungen. Erstsemesterinfos, die Sie über den Internetauftritt Ihrer Universität erhalten, enthalten wichtige Tipps zu örtlichen Besonderheiten wie z. B. Bibliotheksöffnungszeiten, Mensazeiten, Anlaufstellen wie z. B. Studierendenbüro, Prüfungsamt und Orientierungsangeboten, wie Studieneinführungsveranstaltungen. Erhältlich sind diese auch vor Ort bei der zentralen oder der Fach-Studienberatung, den Studentenvereinigungen und beim AStA (Allgemeiner Studierendenausschuss). Dieser AStA ist in den Hochschulen das geschäftsführende und mit der Außenvertretung betraute Organ der Studierendenschaft. Der AStA stellt die „Regierung" der Studierenden dar und wird auch von diesen gewählt. Die innere Organisation der einzelnen Referate des AStA ist von Hochschule zu Hochschule oftmals unterschiedlich. Nutzen Sie auch hier den individuellen Internetauftritt der Studierendenvertretung.

Es ist von Vorteil, wenn Sie die Abläufe, Strukturen und Regeln an der Hochschule schnell verstehen und auch umsetzen. Wichtig ist auch die Teilnahme an der Orientierungswoche/Einführungswoche vor dem eigentlichen Semesterbeginn. In dieser Woche werden eine Reihe von Einführungsveranstaltungen, meist in Vortragsform, rund um das Studium mit den unterschiedlichsten Themen angeboten. Viele Universitäten und Hochschulen geben auch eine Checkliste mit Tipps für Erstsemester aus, auf die Sie übers Internet Zugriff haben. In diesen Checklisten finden Sie alles, was Sie als Erstsemesterstudi wissen müssen, von der Wohnungssuche bis zum Studienplan.

Und noch eine Sache ist ganz wichtig für Sie als „Ersti":

Studieren ist heute ohne Internet-Zugang praktisch kaum möglich. Nutzen Sie die von Ihrer Universität/Hochschule angebotenen Online-Dienste. Sie erhalten einen IT-Account, der ein Login für die verschiedensten Systeme ermöglicht. Dieser IT-Account dient der Authentifizierung für viele Online-Funktionen und -Anwendungen rund um Ihr Studium, z. B.

- PC-Poolraumnutzung z. B. Drucken und Kopieren auf den zentralen Drucksystemen, PC-Arbeitsplätze mit studienrelevanter Software

- Klausureinsichtsmöglichkeiten

- Campus-Managementportal mit z. B.

    - Verwaltungsmanagement, z. B. Studienpläne, Belegungs-/Kurswahlverfahren

    - Prüfungsmanagement, wie Noteneinsicht, Prüfungsan- und -abmeldung

- – Bewerbung und Studienplatzvergabe
- – Studierendenmanagement, z. B. Adressänderungen, Leistungsanerkennung
- Studentische E-Mail-Adresse
- Lernplattformen
- Hochschulwebsite
- WLAN-Zugang, z. B. über das oftmals angebotene Netz Eduroam[17]
- Semesterticket: Ihr Studierendenausweis ist oftmals auch gleichzeitig Ihr Semesterticket für die Nutzung von öffentlichen Verkehrsmitteln
- Bezahlkarte für die Mensa, oftmals auch zur Nutzung von Kopierer bzw. Drucker
- Software, die kostenfrei oder vergünstigt bereitgestellt wird, z. B. Microsoft Office oder Citavi

Der Besitz eines persönlichen Accounts ist Voraussetzung für die Inanspruchnahme der meisten Dienstleistungen der Zentralen DV an einer Hochschule/Uni. Und sollten Sie sich z. B. in der Windowswelt noch nicht so wohl fühlen, erhalten Sie auch Veranstaltungen hierzu bis hin zum „Computerführerschein".

- **Orientierungswoche/Studieneinführungsveranstaltungen**

Wer fängt mit mir das Studium an? Wie lade ich die Mensakarte auf? Wie finde ich ein Buch in der Bibliothek? Welche Anlaufstellen in der studentischen Verwaltung sind wichtig und wo finde ich diese?

Das sind nur einige Fragen, die in der Einführungswoche besprochen werden. Dort lernen Sie nicht nur Ihre Kommilitonen/innen kennen, sondern erfahren auch aus berufenem Munde etwas über den Studienaufbau (Fächer, Leistungen) und die Organisationsstrukturen einer Hochschule und eines Fachbereichs, an dem Sie studieren werden. Wichtig in diesem Zusammenhang sind auch Namen und Aufgaben, wie vom Präsidenten/in der Universität/Hochschule, Kanzler/in (Verwaltungschef), Dekane/in des Fachbereiches, Assistenten/innen, wissenschaftliche Mitarbeiter/innen usw., mit denen Sie konfrontiert werden können. Meist werden in kleinen Gruppen Hochschuleinrichtungen wie Bibliothek, Mensa, usw. aufgesucht.

Für die an den Hochschulort „gezogenen" Studierenden bietet der AStA auch Stadtführungen und Kommunikationsabende, Kneipenbesuche, Theaterbesuche usw. an. Je nach Studiengang werden Sie auch über Vorkurse (z. B. Mathe-Vorkurs) informiert. Häufig werden neue Studierende von erfahrenen Studierenden während des ersten Semesters begleitet (Mentoring). In Einzelgesprächen und Workshops werden organisatorische und auch prüfungsrelevante Themen besprochen und Ratschläge für den

---

[17] https://www.eduroam.org/

erfolgreichen Start ins Studium gegeben. Zudem erfahren Sie auch alles über die Möglichkeiten, die Universität mitzugestalten (z. B. studentische Vertretung im Fachbereichsrat, Bibliotheksausschuss).

- **Spezielle Sprachanforderungen**

In bestimmten Studienfächern wird besonderes Augenmerk auf Fremd-sprachen (z. B. Englisch, Latein, Altgriechisch, Hebräisch) gelegt. Dies be-trifft sowohl ausländische als auch deutsche Studierende. Dabei ist wichtig zu wissen, welche Sprachzertifikate von der Hochschule akzeptiert werden. Auch hierzu finden Sie im Internetauftritt Ihrer neuen Studieneinrichtung wichtige Hinweise, z. B. werden in vielen Masterstudiengängen speziel-le Sprachanforderungen definiert bzw. in internationalen Studiengängen auch zwei Fremdsprachen (z. B. Englisch und Spanisch) gefordert. In man-chen Studiengängen ist dabei ferner ein studienbegleitender Spracherwerb vor Ort oder in der vorlesungsfreien Zeit auch an Partnerhochschulen im Ausland möglich.

Daneben werden – von Hochschule zu Hochschule unterschiedliche – Sprachprüfungen und Sprachzertifikate angeboten, die zum einen für das Studium gefordert werden, zum anderen für die spätere berufliche Ent-wicklung wichtig sein können, so z. B.

- OOPT (Oxford Online Placement Test), je nach Hochschule und Studien-gang ein Standardtest zum Nachweis der für die Immatrikulation erfor-derlichen Englischkenntnisse, der das Hör- und Leseverständnis testet;
- TOEFL ibT (Test of English as a Foreign Language: internet-based), ein Test, der die vier Sprachfertigkeiten wie Hören, Sprechen, Lesen und Schreiben prüft. Dies ist ein Standardtest für das Hochschulstudium im englischsprachigen Ausland;
- TOEIC (Test of English for International Communication), ein Test zum Nachweis von berufsbezogenen Englischkenntnissen;
- TOEFL-/TOEIC prep Kurs, ein Intensivvorbereitungskurs auf den TOEFL/TOEIC-Test, für angehende Bachelor- und Masterstudierende in Deutschland und im Ausland;
- DAAD-Sprachzertifikate (Deutscher Akademischer Austausch-Dienst) für Englisch, Spanisch, Französisch und Russisch, Sprachzertifikate für den Studienaustausch und das Auslandsstudium.

Diese Fremdsprachenangebote dienen nicht nur der Vermittlung von Sprachkompetenzen, sondern tragen auch in nicht unerheblichem Maße zur interkulturellen Kompetenz der Studierenden bei (Sprache und kultu-relle Gegebenheiten/Besonderheiten).

- **Immatrikulationsordnung**

Vorschriften zur Einschreibung, auch Immatrikulation genannt, sind das „Kleingedruckte" im ordentlichen Studium. Sie regeln eine Vielzahl von Punkten in verschiedenen Einzelparagraphen, z. B. Zugang und Aufnahme eines Studiums, Rückmeldung zum neuen Semester, Beurlaubung, Exmatrikulation. Die Immatrikulationsordnung regelt, auf welchem Weg und in welcher Form am Studium Interessierte Mitglieder einer Universität/ Hochschule werden und welche Rechte und Pflichten mit diesem Status verbunden sind. Die Immatrikulationsordnungen finden Sie jeweils im Internetauftritt der Uni/Hochschule. Diese sollten Sie unbedingt lesen und Wichtiges festhalten.

- **Prüfungsordnungen**

Sie regeln die formalen und inhaltlichen Anforderungen für Ihr Studium und für Prüfungen. Sie sind rechtsverbindlich und regeln u. a. Studienziele, Studienablauf, den zu verleihenden akademischen Grad, Zulassungsvoraussetzungen, Regelstudienzeit, Verhalten im Krankheitsfall, alles rund um Prüfungen so auch Wiederholungsmöglichkeiten (z. B. ist bei Nichtbestehen die Wiederholung einer Bachelor- oder Masterarbeit nur einmal möglich). Dabei wird die Verwaltung der für die Prüfung relevanten Nachweise vom zuständigen Prüfungsamt vorgenommen u. v. m. Die Kenntnis der Details Ihrer Prüfungsordnung ist besonders wichtig, da es auch um den Fortbestand eines Studiums gehen kann, z. B. Exmatrikulation. Es ist für Sie unabdingbar, alle diese formalen Gegebenheiten rund um die Prüfungen eines Hochschulstudiums frühzeitig zu kennen, so z. B. auch Bestimmungen beim Vorliegen von Krankheiten am Klausurtag, Prüfungsbefreiungen, Möglichkeit der Verlängerung von Klausurzeiten in Prüfungen, Nichtbestehen und Wiederholung von Prüfungsleistungen, Anrechnung von Fehlversuchen, denn Unwissenheit schützt nicht vor Bestrafung.

Halten Sie es unbedingt mit den Worten des griechischen Philosophen Sokrates, der sagte:

> *„Es ist keine Schuld, nichts zu wissen, wohl aber nichts lernen zu wollen."*

6.14 Studieren in einer Lerngruppe

In der Nachbereitung von Vorlesungen, im gemeinsamen Erarbeiten von Lehrinhalten oder in der Klausur- bzw. Prüfungsvorbereitung, kommt der Arbeit in einer Lerngruppe, in einem Team, mit ca. 4 Kommilitonen und Kommilitoninnen besondere Bedeutung zu.[18] Wenn Sie neu an Ihrer Uni-

---

[18] Vgl. hierzu: Jöns, I.: Erfolgreiche Gruppenarbeit, Wiesbaden 2015, S. 30 ff.

versität sind, fällt es Ihnen oftmals schwer bei diesen Massen von „Erstis" neue Leute und somit die richtige Lerngruppe kennenzulernen. Besuchen Sie unbedingt die Vorbereitungskurse/Orientierungswoche, um Studierende kennenzulernen. Gehen Sie dabei aktiv auf Ihre Mitstreiter/innen zu. Ergreifen Sie die Initiative durch Kommunikation und Offenheit, lernen Sie sich besser kennen und gründen Sie vielleicht schon eine WhatsApp Gruppe auch als Einstieg in eine Lerngruppe. Denken Sie daran: **Ihre Lerngruppe ist nur ergänzend zum „heimischen" Selbststudium zu sehen.** Merken Sie sich, Ihren Kollegen/innen geht es genauso.

Die Gruppenmitglieder einer Lerngruppe verfolgen die gleichen Ziele, arbeiten an den gleichen Inhalten und bringen unterschiedliche Erfahrungen, Erkenntnisse und Lernstände ein. Gerade in der Wechselrede, in der Auseinandersetzung mit Einwänden der Gruppenmitglieder werden wichtige Erkenntnisse und Anschauungen dauerhaft erworben und konditioniert sowie Gesamtzusammenhänge eher erkannt. Individuelle Lernphasen im Rahmen des Selbststudiums sind allerdings unabdingbar, insbesondere um sich inhaltlich und wissensmäßig (identischer Lernstand, Lernausgangsphase) auf eine Teamphase vorzubereiten. Halten Sie sich an eine Aussage von J.W. Goethe:

„Nach unserer Überzeugung gibt es kein größeres und wirksameres Mittel zu wechselseitiger Bildung als das Zusammenarbeiten."

Der umfassende Gedankenaustausch, die Konfrontation mit dem Widerspruch und das gemeinsame, partnerschaftliche Bemühen repräsentiert produktive Elemente geistig-schöpferischer Gruppenarbeit.

Aus pädagogischer Sicht lassen sich dabei wesentliche Vorteile des Lernens in einem Team, einer Gruppe, ableiten:

- Kontakt wirkt der Isolierung/Anonymität entgegen
- Überprüfung des eigenen Lernfortschrittes durch wechselseitige Kontrolle
- Unterstützung des menschlichen Bedürfnisses nach Anerkennung, Respekt und Kommunikation
- Teamarbeit setzt mehr eigene Aktivität frei, auch in der Diskussion mit den Anderen
- Verarbeitung und Erweiterung des Wissens, Möglichkeit des Rückfragens und der Klärung von Unverstandenem
- Überprüfung der Mitschriften aus den Lehrveranstaltungen (Vergleiche anstellen und eigene Mitschriften komplettieren)
- Entwicklung kommunikativer Fähigkeiten und sozialer Kompetenz

- Milderung des Leistungsdrucks
- Steigerung und Festigung der Lern- und Studienmotivation
- Erleichtert die Klausurvorbereitung (gegenseitiges Abfragen) und hilft Prüfungsängste abzubauen (Prüfungssimulationen)

Nutzen Sie dieses Lernen/Studieren im Team, da hierdurch auch außerfachliche Kompetenzen wie Kommunikations- und Konfliktlösungsfähigkeiten sowie auch Menschenführungsqualifikationen erlernt und gefördert werden können. Ferner trägt die Arbeit in einer Lerngruppe auch zur Erlangung intellektueller Kompetenz bei wie Kreativität, Problemlösungsfähigkeit, analytisches Denkvermögen usw. Mit anderen über die Lerninhalte zu reden, ist eine besonders effektive und tiefgehende Methode, diese zu erarbeiten und verarbeiten. Auch das Rede- und Antwortstehen vor Anderen ist eine sehr gute Übung für mündliche Prüfungen.[19]

Wesentliche Aufgaben gemeinsamen Lernens können in gemeinsamem Vor- und Nachbereiten von Vorlesungen, im Aufarbeiten von Inhalten, im Ausräumen von Unverstandenem, in der kritischen Auseinandersetzung mit Lehrmeinungen, in Falllösungen usw. liegen.

Merke Neben dieser Vielzahl positiver, motivierender und den Lernzuwachs fördernder Aspekte birgt soziales Lernen/Studieren im Team aber auch Probleme und demotivierende Aspekte in sich, deren Sie sich bei der Zusammensetzung einer Lerngruppe und der gemeinsamen Lernphasen bewusst sein müssen, denn somit kann einer frühzeitigen Auflösung der Lerngruppe entgegengewirkt werden, und dies sollten Sie bedenken und verinnerlichen, so z. B.

- Erwartungshaltung der Einzelnen kann unterschiedlich sein
- Dominanz einzelner Gruppenmitglieder
- Gruppengröße (max. 3–4 Personen)
- Heterogenität der Lerngruppe hinsichtlich Wissensstand, Interessen, Einsatzfreude
- Mangelhafte Vorbereitung auf die Teammeetings: Themenorientierung
- Rivalisierungstendenzen
- Trittbrettfahrer, d. h. Inaktivität in Erwartung der Aktivitäten anderer

---

[19] Vgl. hierzu: Baumann, M./Gordalla, C.: Gruppenarbeit, Konstanz/München 2014, S. 18 ff.; Jöns, J.: Erfolgreiche Gruppenarbeit, Wiesbaden 2015; Becker, F.: Teamarbeit, Teampsychologie, Teamentwicklung, Berlin 2016; Spoun, S. /Domnik, D.: Erfolgreich Studieren, München 2004.

Viele dieser Nachteile sozialen Lernens in der Gruppe können vermieden werden, indem Sie vorher gewisse Regeln gemeinsam diskutieren, festlegen, sich Disziplin auferlegen und dies in Ihrem Team besprechen. Dies hat sehr treffend der Automobilhersteller Henry Ford formuliert:

„Zusammenkommen ist ein Anfang, Zusammenbleiben ist ein Fortschritt, Zusammenarbeiten ist Erfolg."

Und deshalb sind folgende Spielregeln der Zusammenarbeit überlegens- und beachtenswert:

- Lernmeeting muss vorbereitet sein (Unterlagen, Lerninhalte, Einzelthema)
- Lerngruppe sollte nicht zu groß und nicht zu klein sein (max. 5 Personen)
- Alle Teammitglieder sind gleichberechtigt (freie Meinungsäußerung)
- Kurz sprechen und beim Thema bleiben, keine Monologe
- Höflichkeit erleichtert die Diskussion (keine spöttisch abwertenden Zwischenbemerkungen)
- Respekt vor anderer Meinung, andere Meinung zulassen
- Teamleiter (Position kann je nach Thema unterschiedlich besetzt sein), achtet auf die Einhaltung der Spielregeln
- Zum Sprechen wird keiner gezwungen (Freiwilligkeit), Diskussionsfreudigkeit erwünscht
- Lernthematik muss im Mittelpunkt des Meetings stehen
- Kritisch bleiben, Diskussion ist nicht Kampf, Konsenzbildung wichtig
- Kritik ertragen können, fördert Selbstkritik
- Gemeinsame Ziele verfolgen, Arbeitsprogramm festlegen
- Aufgaben an Gruppenmitglieder (Vorbereitung von Themen) von Meeting zu Meeting klar zuordnen
- Frühzeitiges Erkennen und Beheben von Störungen innerhalb der Gruppe
- Gegenseitige Motivation, insbesondere bei unterschiedlichem Lernstand (Helferprinzip)

Nutzen Sie dieses Lernen in der Gruppe, im Team, da hierdurch insbesondere außerfachliche Kompetenzen wie Kommunikations-, Konfliktlösungs-, Kooperations- und Führungsqualifikationen gefördert werden. Darüber hinaus trägt die Arbeit im Team, in der Gruppe, auch zur Erlangung und Weiterentwicklung intellektueller Kompetenzen wie Kreativität, Problemlösungsfähigkeit, usw. bei. Teamarbeit im Rahmen von Projekten ist gerade in der beruflichen Praxis eine gängige Arbeitsform.

6.15 Stille Stunden – Pausen, Freizeit, Muße, Schlaf

Elisabeth Barrett Browning, eine englische Dichterin des 19. Jahrhunderts formulierte zu dieser Thematik folgendes:

„Nichts bringt uns auf unserem Weg besser voran als eine Pause."

Zum Arbeits- und Lernrhythmus gehört auch die Pause, die zwischen der Arbeits- und Entspannungsphase liegt. Für das Lernen im Studium gilt, dass mehrere kurze Pausen für die Lerneffizienz wirksamer sind, als eine einmalige längere Pause, da insbesondere der geistige Wiedereinstieg nach kurzen Erholungs- und Abschaltphasen aufgrund des geringen Übungsverlustes leichter ist. Ferner dienen diese kurzen Pausen zwischen einer längeren Lernphase auch dazu, den oftmals sprachlich schweren Lernstoff aus Büchern und Zeitschriftenbeiträgen besser „verdauen" zu können und somit verständlicher zu machen. Wichtig ist dabei, dass Sie sich in diesen Pausen auch auf anderes konzentrieren und Ihre Gedanken eigene Wege gehen können. Jede neue Umgebung, sei es in der Couchecke, auf dem Bett, in der Küche oder im Garten erleichtert dieses Umschalten.

Dabei sind unterhaltsame Gespräche ebenso wie „Vor sich hin sinnen" bzw. „Seele baumeln lassen" in diesen kleinen Pausen sinnvoll. Machen Sie allerdings keine Pause auf Kommando (z. B. pünktlich alle 40 Minuten oder nach jeder 15. gelesenen Buchseite), sondern dann, wenn Sie innerlich das Gefühl verspüren, sich jetzt etwas ablenken zu müssen. Übrigens: Diese Pausenanregungen gelten auch für das Arbeiten in der Fachbereichsbibliothek.

Kleine Pausentipps:

Nutzen Sie die Pausen nicht zu stark zum Rauchen, Trinken und Essen. Lassen Sie insbesondere Zigaretten und Kaffee nicht zur unreflektierten Gewohnheit werden. Beachten Sie dabei: „Plenus venter non studet libenter", wie der Lateiner zu sagen pflegt, „ein voller Bauch studiert nicht gern". Leichte Kost ist für die Lern- und Studienphasen zu empfehlen. Diesem Gedanken wird zwischenzeitlich auch in vielen Mensen Rechnung getragen durch das Angebot leichter Kosten und die zahlreichen Wahlmöglichkeiten bei der Essensgestaltung, so die Aussagen des Studentenwerkes. Reservieren Sie auch während des Semesters „Zeit für stille Stunden". Vereinbaren Sie mit sich selbst einen Termin, denn derartige Zeiträume unterbrochener Konzentration können Ihre Leistungsfähigkeit und Leistungsbereitschaft merklich verbessern. Denken Sie an die Worte des österreichischen Dichters Ernst Ferstl, der hierzu treffend meint:

„Zeit, die wir uns nehmen, ist Zeit, die uns etwas gibt."

Versuchen Sie in dieser Zeit gänzlich vom „Studieren" abzuschalten, indem Sie z. B. schöngeistiges Lesen, ausruhen, fernsehen, Mails erledigen, Musik hören u. v. m.

Der Legende nach kam dem Physiker Isaac Newton (1643 -1727) der zündende Gedanke zur Schwerkraft als er entspannt beobachtete, wie ein Apfel in einem Garten vom Baum fiel. Newton fragte sich, was da eigentlich passiert war und entwickelte die bahnbrechende Theorie von der Gravitation. Ohne Stress zum Welterfolg und dies während einer Denkerpause.

Üben Sie sich in diesem zweckfreien Tun, in diesem absichtslosen Tun. Dieser Denkanstoß gilt auch für Manager in der Wirtschaft. Im Studium wird auf diese Weise die Nichtstudienzeit zu einer Zeit des sich Sammelns und des sich Besinnens. Manche auch studienbezogene Probleme erhalten dadurch eine neue Intention und klären sich in dieser Zeit. Es gibt immer wieder einen neuen Anfang mit neuen Einfällen, Ideen und Gedanken, mit neuer Freude und Motivation auch für Ihren Studienalltag.

Muße ist die von Studienpflichten und -zwängen verschonte Zeit. Organisierte Muße ist dabei nicht aller Laster Anfang, sondern Rückkehr in die Selbstbestimmung. Muße ist ein Medium der Sinngebung, ohne die sich keine Kreativität entfalten kann. In diesen Mußephasen schöpfen wir die nötige Vitalität. Sie ist daher unerlässlich für ein aktives Studieren. Dies formuliert der deutsche Schriftsteller Otto Flake so:

„Wir sollten wieder lernen, aus der Freizeit Muße zu machen."

Muße ist dabei nicht verbunden mit Trägheit oder auch nur Lebenskünstlern vorbehalten. Muße bedeutet, Zeit zu haben, über die man selbst bestimmt.[20] Muße verlernen wir nicht, wir gewöhnen sie uns in der heutigen Zeit meist ab. Im Berufsalltag sind es die kleinen Erholungszeiten, die wir uns zwischendurch nehmen, um wieder mehr arbeiten zu können.

Erholungs- und Schlafenszeiten sind die täglichen großen Pausen von Ihrer Lern- und Studienarbeit, die ebenfalls genutzt werden wollen und

---

[20] Vgl. hierzu auch: Schnabel, U.: Muße, vom Glück des Nichtstuns, München 2010, S. 33 ff.; Rohleder, N.: Muße für Manager, in: Personalwirtschaft, Heft 5/2015, S. 32 ff.

sollen. Denn beide sind wichtige Quellen der Erneuerung Ihrer Leistungsbereitschaft. Die nächtliche Ruhepause, der Schlaf, ist die wichtigste Re-
generationspause. Der Schlaf ist eine Schutzpause, in der sich der Or-
ganismus mit neuer Energie auflädt. Orientieren Sie sich dabei an einer
alten Volksweisheit „Der Schlaf vor Mitternacht ist der Beste", dies gilt
insbesondere für die Klausurvorbereitungszeiten. Einer unserer bekanntesten deutschen Philosophen der Aufklärung, Immanuel Kant, formuliert
dies sehr treffend:

> *„Drei Dinge helfen, die Mühseligkeiten des Lebens zu tragen: Die Hoffnung, der*
> *Schlaf und das Lachen."*

Gleiches gilt für die Pausen zwischen den Arbeitswochen, die Sonn- und
Feiertage. Gerade diese dienen oftmals auch für Studierende nicht immer
dem Ausruhen, dem Regenerieren oder Entspannen. Manche Studierende
kommen montags gestresster in die Vorlesungen, als sie diese freitags
verlassen haben. Gerade montags zeichnet sich auch die erste Vorlesung
um 8.15 Uhr häufig durch eine hohe Abwesenheitsquote aus, ebenso die
letzten Veranstaltungen freitags nachmittags und abends. Die Gründe
hierfür sind sehr vielfältig, so die Studierenden, und reichen von langen
Wegen zwischen Heimatort und Hochschulort, zeitaufwendigen Hobbies,
Partys und ein intensives Nachleben, großes sportliches Engagement
u. v. m. Nutzen Sie auch die Wochenenden während des Semesters für die
Vor- und Nachbereitung Ihrer nächsten Lehrveranstaltungen. Der richtige
Umgang mit diesen „großen Pausen" will gelernt sein. Das Umschalten
von Aktivität auf Passivität, vom Tun zum Nichtstun, ist nicht immer einfach.

Merke Ruhezeit lässt sich nicht ungestraft in Schaffenszeit verwan-
deln. Den wenigsten Menschen gelingt es, durch z. B. hohen
Kaffeekonsum, viel Rauchen usw. mehr Schaffenskraft ein-
zuhandeln und wenn, dann nur kurzfristig, denn die Mehrzahl trägt
bestenfalls Schlafstörungen davon. Alkohol, üppiges Essen und anhal-
tender Stress behindern auf Dauer den gesunden Schlaf und somit die
Leistungsfähigkeit und -bereitschaft.

Handlungen gegen das Auf und Ab Ihrer biologischen Uhr bringen ferner
den abgestimmten Rhythmus des Schlafstadiums durcheinander (z. B.
Einschlafstadium, Tiefschlafstadium, Traumstadium). Gerade Alkohol führt
zwar zu einer Beschleunigung des Einschlafens, verzögert aber den Eintritt
in den Tiefschlaf. Dieses für die Regeneration so wichtige Schlafstadium
erreicht der bezechte Studierende erst gegen Morgen und somit steckt
nicht nur der vorangegangene Abend wie Blei in den Knochen, sondern

auch die Kopfschmerzen sind noch lange präsent. Die Tiefschlafphase ist übrigens auch die wichtigste Erholungsphase für das Gehirn.[21]

Aber nicht nur der Körper sorgt für einen gesunden Schlaf, auch die Seele muss mitmachen. Der abendliche Tee oder die Milch mit Honig helfen nicht allein durch ihre natürlichen Bestandteile. Vertreibt psychische Überlastung den Schlaf, können z. B. solche Getränke Teile eines Schlafrituals werden, die Ruhelose besänftigen. Schlafrituale helfen, die Entspannung zu fördern, Ruhe zu vermitteln und beflügeln auf dem Weg in einen guten Schlaf. Nutzen Sie Schlafrituale als „points of no return to business/studies".

Eine Patentschlafnorm gibt es nicht. Die Schlafgewohnheiten sind stark individuell geprägt. Dies zeigt auch ein kleiner Ausschnitt aus den Schlafgewohnheiten großer Männer[22]:

- Napoleon Bonaparte hatte eine klare Auffassung zu den Schlafbedürfnissen: vier Stunden für die Männer, fünf für die Frauen und sechs für die Idioten.

- Goethe soll zwischen neun und vierzehn Stunden in Morpheus Armen geruht haben.

- Churchill hatte zwar keinen exzessiven Nachtschlaf, dafür aber regelmäßig eine Mittagsruhe.

- Auch Einstein genoss zusätzlich zu seinen zwölf nächtlichen Schlafstunden das eine oder andere Nickerchen tagsüber.

6.16 Gesunde Lebensführung

Der Erfolg eines Studiums ist, wie bereits mehrfach beschrieben, maßgeblich von der Lernfähigkeit und Lernbereitschaft – der Motivation- des Studierenden abhängig. Diese Faktoren werden wiederum beeinflusst von der körperlichen Verfassung, von der Lebensführung, vom Wohlbefinden des Lernenden, denn Körper und Geist arbeiten sehr eng zusammen. Ein wichtiger Schlüssel zu unserem seelischen Wohlbefinden ist eine gesunde Lebensführung. Der schweizerische Schriftsteller Jean-Jacque Rousseau formulierte dies folgendermaßen:

„Körperliche und geistige Übungen sollen sich gegenseitig zur Erholung dienen."

---

[21] Vgl. hierzu: Straten, van, M.: Schlaf gut! Leicht einschlafen – erholt erwachen, München 1993, S. 18 ff.; ferner Hecht, K. u. a. (Hg.): Schlaf, Gesundheit, Leistungsfähigkeit, Berlin 1993; Axt, P. u. a.: Vom Glück der Faulheit, München 2004; Plattner, I.: Sei faul und guter Dinge, München 2000; Walker, M.: Das große Buch vom Schlaf, München 2018; Vietze, I.: Die übermüdete Gesellschaft, München 2018.

[22] Vgl. Guzek, B. und G.: Schlaflose Nächte, in: Manager Magazin, Heft 1/1995, S. 156 ff.

Einige dieser Bedingungen gesunder Lebensführung[23] sollen hier stichwortartig aufgeführt werden.

Halten Sie sich für Ihr Studium fit und gesund durch z. B.:

- Sporthygiene (sportliche Aktivitäten und Bewegung)
- Hygiene am häuslichen Arbeitsplatz (z. B. Geordnetheit, augenfreundliche Beleuchtung, frische Luft)
- Gesunde Ernährung (Dosierung des Essverhaltens, nicht zu schwere Kost, aus „Weniger mache Mehr" usw.)
- Wasser und Luft (Schwimmen, Spaziergänge, Gymnastik)
- Schlaf als wichtige Regenerationsphase (inneres Gleichgewicht)
- Abschalten, Entspannung, Lockerung
- Sonnenlicht für gute Laune
- Soziale Kontakte mit Freunden, Kommilitoninnen und Kommilitonen

Machen Sie eine gesunde Lebensführung zu einem wichtigen Studienprinzip, denn für den Studienerfolg ausschlaggebend sind auch Wohlbefinden und Gesundheit. Also warum nicht mal mit dem Fahrrad statt mit dem Bus zur Vorlesung fahren?

Merke Die Erhaltung der Gesundheit geht einher mit einer Verbesserung der Lernfähigkeit, die Missachtung von Gesundheitsregeln kann die Lernfähigkeit und Lernbereitschaft einschränken oder gar zerstören. Hygiene im Leben, beim Lernen und im Beruf muss zu einer Gewohnheit werden. Wie sagt schon der Lateiner: **„Mens sana in corpore sano"**, ein gesunder Geist in einem gesunden Körper.

6.17 Zusammenfassung und Ausblick

Effektives Studieren ist das Ergebnis einer guten Vorarbeit/Planung zum Studieneinstieg und von Semester zu Semester, der Kenntnis einer Vielzahl von Besonderheiten und Spezifika, die ein Studium ausmachen und insbesondere harter Arbeit an sich selbst. Natürlich entwickeln Sie dabei im Zeitablauf Ihren individuellen Arbeits- und Studienstil. Gleichwohl macht es aber, für jeden Studierenden Sinn, diesen genau zu beobachten,

---

[23] Vgl. auch Spitzer, M.: Lernen. Gehirnforschung und die Schule des Lebens, Darmstadt 2006, S. 133 ff.; Hoefert, H.W./Klotter, Ch.: Gesunde Lebensführung, Bern 2011, S. 15 ff.

zu analysieren und, falls erforderlich, die notwendigen Konsequenzen für Veränderungen (Chance Management) zu ziehen.

Selbstmanagement bezeichnet die Kompetenz, die eigene persönliche und berufliche Entwicklung überwiegend unabhängig von äußeren Einflussfaktoren zu gestalten. Diese Kompetenz für ein Studium muss ich aber auch entwickeln und dafür benötige ich Denkanstöße und Verhaltensmuster, mein eigenes Selbstmanagementsystem aufbauen und umsetzen zu können. Hierzu gehören Teilkompetenzen, die für ein Studium wichtig sind wie z. B. Zeitplanung, Zielsystem, Studienhilfen, Organisation, Lernplanung.

Selbstmanagement als die Kompetenz, die eigene Entwicklung zu gestalten, wendet Techniken, Arbeitsweisen und Methoden an, um die eigene Motivation zu erhöhen und eigene Ziele, in diesem Fall Studienziele, zu erreichen. Die vorher beschriebenen Teilkompetenzen für ein effektives Studium sollen zu Ihrer eigenen Entwicklung auch im Studium beitragen. Halten Sie es mit dem deutschen Unternehmer Philipp Rosenthal:

„Wer aufhört besser zu werden, hat aufgehört gut zu sein."

Zusammenfassend nochmals im Überblick und somit fürs Auge die beschriebenen Teilkompetenzen und Anregungen, die Sie beherzigen sollten.

Wie bereits eingangs erwähnt, ist Studieren mit viel Mühe und Engagement sowie einem hohen Zeitaufwand verbunden, auch in Abhängigkeit davon, was der Einzelne erreichen möchte. Gerade die Zeit und der Umgang mit dieser stellt einen wesentlichen Faktor im Studium dar.

Diese Studienzeit ist dann auch noch über den ganzen Tag verstreut (je nach Universität/Hochschule von montags bis teilweise samstags, von morgens 8.15 Uhr bis 22.00 Uhr), selten geblockt – 3 Lehrveranstaltungen hinter-einander-, mit vielen Leerstunden zwischen einzelnen Lehrveranstaltungen und auch vorlesungsfreien Tagen. Dies gilt es zu kombinieren mit Besuchen in der Bibliothek, der Arbeit in einer Lerngruppe, Online-Recherchen in Datenbanken, Selbststudienphasen, Hausarbeiten, Präsentationen u. v. m.

In Sachen Umgang mit der Zeit werden nachfolgend alte irische Segens-wünsche als „zehn Zeitgebote"[24] genannt, die Ihnen Denkanstöße für Ihr Studium bieten mögen und nochmals wichtige Faktoren im Umgang mit der Zeit aufzeigen.

1. Nimm Dir Zeit zum **Arbeiten**. Das ist der Preis für den Erfolg.
2. Nimm Dir Zeit zum **Nachdenken.** Das ist die Quelle der Kraft.
3. Nimm Dir Zeit zum **Spielen**. Das ist das Geheimnis der Jugend.
4. Nimm Dir Zeit zum **Lesen.** Das ist das Fundament des Wissens.
5. Nimm Dir Zeit für die **Andacht**. Das wäscht den irdischen Staub von Deinen Augen.
6. Nimm Dir Zeit für die **Freude.** Das ist die Quelle des Glücks.
7. Nimm Dir Zeit für das **Liebhaben.** Das ist das Sakrament des Lebens.
8. Nimm Dir Zeit zum **Träumen**. Das zieht die Seele zu den Sternen hinauf.
9. Nimm Dir Zeit zum **Lachen.** Das hilft die Bürden des Lebens tragen.
10. Nimm Dir Zeit zum **Planen.** Dann hast Du für die übrigen neun Dinge Zeit genug.

Diese „Segenswünsche" beinhalten sehr treffend wichtige Tätigkeiten, die ein Studium kennzeichnen wie z. B. Nachdenken, Lesen, Freude, Lachen und Planen. Beherzigen Sie diese.

6.18 Studienpraktische Hinweise (auch zum Schnelllesen)

Aus dem bisher Besprochenen lassen sich nun einige wichtige **studien-praktische Tipps** in komprimierter Form ableiten:

(1) Lernen, Aneignung von Wissen und besseres Behalten sind von der Aufeinanderfolge der **Wiederholungen** des Gelernten abhängig. Sie erhöhen den Lerneffekt, indem Wiederholungen auf verschiedene Lernzeiten verteilt werden. Gerade die Wiederholung und Nachbear-beitung der Charts und Mitschriften aus Vorlesungen und Seminaren innerhalb weniger Tage ist wichtig. Somit können Lücken, die zwischen dem Gesagten in den Lehrveranstaltungen und dem Mitgeschriebenen aufgetreten sind, eher inhaltlich ausgefüllt werden, da noch einiges

---

[24] Alte irische Segenswünsche (www.zitate.de), Rubrik Zeit.

geistig präsent ist und noch nicht in Vergessenheit geraten ist. Was verstanden worden ist (einsichtig war), häufiger wiederholt und geübt wird, bleibt im Gedächtnis haften.

(2) **Der Lernzuwachs** ist auch von einer Vielzahl äußerer Faktoren abhängig, die Sie teilweise beeinflussen können. Ihre Lebensweise, die Freunde und Kommilitonen/innen, die Lerngruppe, der Hochschulstandort, die Räumlichkeiten, die Bibliotheken, der Lebenspartner/in usw. bestimmen ebenfalls maßgeblich das Lernklima und damit den Lernprozess und letztendlich den Studienerfolg. Viele meiner Studierenden bestätigen immer wieder diese „Wohlfühlfaktoren" und deren Wirkung. Schaffen Sie sich ein „optimales" Lernklima. Im Wechsel der einzelnen Lernsituationen, des Für-sich-Lernens (Selbststudium) und des Studierens in der Gruppe, dürfte eine erfolgreiche Lernmethode sein. Passen Sie diese Lernsituation den zu bewältigenden Studienaufgaben an.

(3) Studieren Sie mit **Freude, Interesse und Neugierde**, zeigen Sie sich motiviert, so lernen Sie besser und leichter. Steigern Sie Ihre Motivation z. B. durch

+ die Festlegung für Sie wichtiger Erfolgserlebnisse (Essen gehen nach bestandener Klausur, Wohlfühlwochenende nach bestandenen Semesterleistungen usw.)

+ die Einteilung/Dosierung der Lernphasen und umfangreicher Lerninhalte gerade zum Studienstart in übersichtliche bewältigbare, kleinere Lerneinheiten (häufigere und kürzere Lernphasen). Wechseln Sie auch regelmäßig die Fächer, um Ermüdungserscheinungen entgegenzuwirken;

+ den sinnvoll rationalen Abbau von aufkommenden Abneigungen gegen Fachgebiete und von Antipathien gegenüber überfüllter Hörsäle und Professoren/innen;

+ das rechtzeitige Beenden des Selbststudiums auch in der Bibliothek, nicht bis nach Mitternacht, denn dies erschwert den Lerneinstieg am Folgetag;

+ aktives Studieren, d. h. stellen Sie Fragen an sich, an Kommilitonen/innen und vor allem auch in Vorlesungen an die Professoren/innen. Scheuen Sie sich nicht, während oder nach der Lehrveranstaltung (selbst vor 500 anderen Zuhörern) den Lehrenden zu nicht Verstandenen zu fragen. Machen Sie aus der Passivität Aktivität, denn passives Verhalten oder Unverstandenes in Vorlesungen führt frühzeitig zum Abschalten, zum geistigen Ausstieg;

+ die praktische Anwendung auch noch so trockener Lehrinhalte wo irgend möglich; Suchen Sie nach Zusammenhängen, Affinitäten, Querverbindungen auch zu anderen Studienfächern (Interdisziplinäres Denken und Handeln);

+ Das Herantasten an neue fachliche Gebiete nach dem Prinzip „vom Leichten zum Schweren", „vom Einfachen zum Komplizierten"; Verschaffen Sie sich also zuerst und zum Einstieg in ein Studienfach sprachlich einfache und verständlich formulierte Literatur, denn das frühzeitige Verstehen und Erkennen von Sinnzusammenhängen motiviert und erleichtert das Behalten, bevor Sie mit sprachlich anspruchsvollerer und terminologisch hoch angesiedelter Literatur arbeiten. Folgen Sie hier auch dem Prinzip „vom dünnen zum dickeren/umfangreicheren Fachbuch". Beim Studium Ihrer Materialien sollten Sie zuerst die große Linie erfassen, bevor Sie dann auf Einzelheiten eingehen. Dies wirkt sich insbesondere vorteilhaft auf das Einprägen von Zusammenhängen aus.

+ Planen Sie nicht nur die Lehr- und Lernphasen (z. B. Vorlesungen, Veranstaltungen in Studienschwerpunkten -Optionen), sondern auch die Freizeit- und Erholungsphasen sowie eine gesunde Lebensführung, die wesentliche Voraussetzung für motiviertes und konzentriertes Arbeiten sind.

+ Der Einsatz von Gewohnheiten, Marotten, Ritualen und Stimulanzien können sich lernfördernd auswirken. Viele Studierende teilten mir mit, dass Sie insbesondere vor Klausuren mit Lernstimuli wie z. B. Studieren und Essen, Teekanne und Süßigkeiten auf dem Schreibtisch, Auf- und Abgehen beim Lernen, musikalische Untermalung im Hintergrund, Lernen mit Hut auf dem Kopf, Lernen mit unterschiedlichen Lernorten wie Küche, im Bett, am Schreibtisch arbeiten. Ein Stimulus ist also ein Reiz, der eine spezifische Reaktion beim Lernen auslösen kann, z. B. das Bild der Familie auf dem Tisch während der Klausur.

Auch namhafte Persönlichkeiten arbeiteten mit solchen Stimuli[25]:

So ist von Schiller bekannt, dass ihn der Geruch fauler Äpfel stimulierte.

Er sammelte sie sogar in seinem Schreibtisch und ließ die Gerüche des Verfalls auf sich wirken, wenn er die Inspiration suchte. Hauptmann und Goethe („sitzend bin ich zu nichts aufgelegt") brauchten viel Bewegung, ausgedehnte Spaziergänge.

Churchill arbeitete täglich sechszehn Stunden und mehr – überwiegend im Bett. Ein fast perfekter Schlafrhythmus machte die nötigen Höchstleistungen möglich.

(4) **Planen Sie Ihren Lernprozess**, arbeiten Sie nach Lernplan bzw. Lerntagebuch: Organisieren Sie Ihr Lernen zeitlich, sowohl für den Tag, als

---

[25] Vgl. hierzu Currey, M.: Musenküsse – die täglichen Rituale berühmter Künstler, Zürich 2014, S. 20 ff. und derselbe: Für mein kreatives Pensum gehe ich unter die Dusche, Zürich 2015.

auch für die Woche, den Monat, das Semester. Dadurch wirken Sie auch sehr frühzeitig der Gefahr des „Verschiebens" bzw. des „Vor-sich-her-schiebens" von Studien- und Lernaufgaben entgegen. Dies wird häufig, so die Aussagen zahlreicher Studierender, so lange gemacht, bis das Lernvolumen derart umfangreich geworden ist, dass Sie insbesondere vor Klausuren unter Stress geraten und demotiviert an das Lernen herangehen. Dies führt oftmals bei Klausuren zu dem Grundsatz „Mut zur Lücke", ich probiere es, vielleicht habe ich doch das Richtige gelernt. Arbeiten Sie daher frühzeitig mit einem Lernplan, insbesondere auch dann, wenn Sie zum Ende des Semesters innerhalb kürzester Zeit 5–6 Leistungsnachweise in den unterschiedlichsten Fachgebieten erbringen müssen. In einem Lernplan sollte folgendes geregelt sein:

+ Setzen Sie sich für das einzelne Semester **Lernziele,** die erreichbar sind und den Gesamtumfang der Lernaufgabe berücksichtigen (z. B. für Klausuren zum Semesterende). Dies wird bei Bachelor- und Masterstudiengängen dadurch notwendig, da Ihnen die zu erbringenden Leistungsnachweise je Semester vorgeschrieben werden und eine Wiederholung einzelner Leistungen nur zweimal vorgenommen werden kann, bevor Sie zwangsexmatrikuliert werden.

+ Gliedern Sie das **Lernvolumen** (z. B. beim Lesen eines Fachbuches) auf, indem Sie den Lernumfang genau definieren (Was muss ich alles lernen?), diesen Lernumfang zerlegen (Was lerne ich wann?) und dann den jeweiligen Umfang für die geplante Lernphase festlegen (Was lerne ich alles heute und in dieser Woche, allein und in der Lerngruppe?). Kommen Sie vom „Lesen müssen" wie 5 Stunden oder 100 Fachbuchseiten täglich ab.

+ Kontrollieren Sie die Einhaltung Ihres Lernplanes (**Lernzielkontrolle**), indem Sie sich zwischendurch selbst überprüfen durch z. B. Beantwortung von Fragen (Lernkartei), das Gelernte in eigenen Worten mündlich oder schriftlich wiedergeben. Nutzen Sie auch Mitglieder Ihrer Lerngruppe, indem Sie sich abfragen lassen bzw. Übungsergebnisse mit diesen gemeinsam erarbeiten und diskutieren. Versuchen Sie dabei, das Neugelernte knapp, klar und anschaulich Ihren Mitkommilitonen/innen zu vermitteln. Erst wenn Sie anderen etwas beibringen können, haben Sie es selbst richtig erfasst, verstanden und somit gelernt. Die Vereinfachung schwierigster Sachverhalte erfordert höchste Konzentration.

+ Vermeiden Sie das Erarbeiten einer großen **Stoffmenge** kurz vor der Klausur. Für das Studium gilt, im ersten Semester kleine Lerneinheiten/Leseeinheiten zu definieren, denn ein schwieriges Kapitel in einem Fachbuch kann nur in kleinen Einheiten konsumiert und verstanden werden. Dies wird sich nach mehreren Semestern und vielen Fachbüchern merklich verändern.

(5) **Stärken Sie Gedächtnis und Konzentration**

+ durch Strukturen und Zusammenhänge, schaffen Sie diese durch Gliederungspunkte des Lernstoffes, durch Oberbegriffe usw. Das „Darübernachdenken" ermöglicht dann Ordnung, Verknüpfung, Bildung von Begriffen, Schlussfolgern und Kombinieren.

+ durch das Nutzen von arbeitsorganisatorischen Hilfsmitteln, wie Ordner, Karteien, Lernkarten (auch elektronische);

+ indem Sie sich zunächst einen Überblick über die Lerninhalte verschaffen, denn Sinnzusammenhänge erleichtern das Behalten;

+ durch die Nutzung verschiedener Lernkanäle bei der Aufnahme von Stoffinhalten, arbeiten Sie visualisierend mit Abbildungen, Skizzen, Mind Maps usw., denn der „Mensch ist ein Augentier", visuell Dargestelltes bleibt eher haften. Lesen und widerholen Sie Unverstandenes auch mal laut, indem die Erkenntnis und das Verständnis über das „sich selbst hören" kommt.

+ beim Lernen durch die Vermeidung von inneren (Sorgen, Probleme) und äußeren (Lärm, Ablenkungen wie Handy, geschwätziger Kommilitone/in der WG) Störfaktoren.

Um aufkommender Demotivation zu begegnen und „Durchhängezeiten" zu überwinden, ist es wichtig, sich immer wieder **den Sinn und Zweck Ihrer Studienbemühungen** vor Augen zu halten. Dies wird Ihnen während Ihres Studiums mehrfach begegnen, sei es durch nicht bestandene Leistungsnachweise (z. B. Klausuren), persönliche Schicksalsschläge, sich wandelnde Interessen u. v. m. Stellen Sie sich dann folgende Fragen und versuchen Sie diese neu zu beantworten:

+ **Wozu lerne und studiere ich?** Die Beantwortung dieser Frage soll Ihnen Auskunft über Ihre Studienziele geben, die Sie erreichen möchten (z. B. Persönlichkeitsbildung, Befriedigung des Informationsbedarfes, Wissensdrang und Interesse, eine berufliche Karriere anstreben, akademischer Abschluss).

+ **Was lerne/studiere ich?** Diese Frage soll Ihnen Auskunft über den Studiengang, die Studieninhalte, die Fachgebiete usw. geben.

+ **Wie lerne/studiere ich?** Die Beantwortung dieser Frage soll Ihnen Auskunft geben über die Lernmethodik, z. B. allein durch Selbststudium, Lernen in der Lerngruppe, Bücher, stark visualisiert, auditiv über Lernkassetten, Lernfilme (Youtube).

+ **Womit lerne ich?** Dies Frage beantwortet Ihren Mitteleinsatz beim Studieren, z. B. Durcharbeiten der eigenen Skripten, ausgehändigte Charts, Bücher, Zeitschriftenbeiträge, audiovisuelle Medien.

+ **Wo lerne bzw. studiere ich?** Diese Frage versucht zu klären, in welchem Rahmen bzw. an welchen Orten Sie lernen, z. B. am Schreibtisch, in der Bibliothek, im Wohnzimmer, im Garten, im Bett, auf der Toilette.

+ **Wann lerne ich?** Zu welchen Zeiten lerne ich, sei es z. B. abends (Morgenmuffel), früh morgens (Frühaufsteher), nachmittags oder am Wochenende.

+ **Warum lerne bzw. studiere ich?** Diese Frage soll Ihnen nochmals Auskunft darüber geben, was Sie mit der Realisierung eines Studiums erreichen wollten, z. B. Verbesserung der beruflichen Möglichkeiten, Großvater Arzt, Vater Arzt, als Sohn ebenfalls Arzt, Wunsch persönlich nahestehender Personen.

Diese zum Teil lernpsychologischen Gesetzmäßigkeiten und studienpraktischen Hinweise sollen nicht dazu beitragen, dass Sie einseitig werden, indem Sie nur noch Studieren und Lernen bzw. nach der Erkenntnisgewinnung Ihres Wissenschaftsgebietes streben. Produktives geistiges Arbeiten und damit der Studienerfolg ist nicht nur ein Produkt eisernen Lernens/Studierens. Nutzen Sie auch als Ausgleich die durch ein Studium gewährleisteten großzügigen Spielräume wie z. B. mehrere Monate jährlich vorlesungsfreie Zeit, freie Studientage die Woche über, für die Aufnahme und Verarbeitung von Dingen des Studienlebens wie Kulturelles, soziale Kontakte, soziales Engagement, Urlaub, gemütliches Zusammensein mit Gleichgesinnten u. v. m. für die Aufnahme und Verarbeitung von Dingen, die nicht unbedingt zu Ihrem Studienfach gehören, ohne sich jedoch darin gänzlich zu verlieren.

Eine offene Aufnahmebereitschaft für die schönen und interessanten Gegebenheiten neben dem Studium gehört einfach auch dazu. Sie tragen zur Persönlichkeitsbildung und der Entwicklung sozialer Kompetenz bei. Erst die Einheit von Studium, Erholung und Ausgleich sowie sozialen Kontakten und die vielfältigen Beziehungen dieser Komponenten untereinander, bedingen im Zeitablauf eine Fülle von Denkinhalten, deren Zusammenwirken wesentliche Grundlage für schöpferisch-innovatives und kreatives Arbeiten und Handeln eines positiv denkenden und weltoffenen Menschen darstellt. Diese Verhaltensweisen und Bedingungen sind jetzt wichtige Voraussetzung für die Bewältigung nachfolgend beschriebener Studienaufgaben wie Zuhören, Mitschreiben und Lesen von Fachliteratur.

7

Vorlesungs-
inhalte
aufnehmen

7.1 Zuhören will gelernt sein

7.1.1 Wissenswertes zum Thema „Zuhören"

Für Sie als Studierende ist die Vorlesung eine der wichtigsten Informationsquellen. Die Vorlesung ist eine Lehrveranstaltungsform an einer Universität/Hochschule. Sie wird meist von Professorinnen und Professoren oder z. B. externen Lehrbeauftragten, von wissenschaftlichen Mitarbeitern und Assistenten gehalten. Diese Aufnahme mündlich vermittelter Informationen mit dem Ziel des Erkenntniserwerbes und der bereits ersten kritischen Auseinandersetzung mit den Inhalten eines Studienfaches verlangt hohe Konzentration und Anstrengung.

Zuhören können, ist der halbe Erfolg, so wird sehr häufig auch von Studierenden behauptet. Wenn dies stimmt, dann ist die Anwesenheit in der Lehrveranstaltung und das stille, nachdenkliche „Zuhörenkönnen" auch ein wichtiger Erfolgsfaktor für Ihr Studium. Definiert wird dies durch das sich Hineinversetzen in die Gedankengänge Ihrer Professoren/innen und die sachliche Wertung des richtig Gehörten. Zuhören ist also die genaue Wahrnehmung dessen, was kommuniziert wird[26].

Wie sagte schon der Schweitzer Dichter *Gottfried Keller*:

> *„Mehr zu hören, als zu reden – solches lehrt uns die Natur: Sie versah uns mit zwei Ohren, doch mit einer Zunge nur."*

In diesem Zusammenhang darf nicht unerwähnt bleiben, dass der häufig stark visualisierte Erwerb von Wissen auch in Vorlesungen (z. B. Einsatz von Tafel, Flipchart, Beamerpräsentation) zu einer gewissen Vernachlässigung bzw. sogar Verkümmerung der Fähigkeit geführt hat, Inhaltliches auditiv, über das Ohr, aufzunehmen. Dabei gilt der Grundsatz:

> *„Nicht jeder, der hören kann, kann auch zuhören."*

Mit dem Zuhören ist aber nicht der physikalische Vorgang des Empfangens von Schallwellen gemein, sondern das verstehende Zuhören, das Grundlage für die danach folgende eigene Reaktion ist[27]. Zuhören können ist eine Form von Empathie und damit emotionale Intelligenz.

---

[26] Vgl. hierzu: Murphy, K.J.: Besser Zuhören – mehr Erfolg, Freiburg 1987, S. 18; Bay, R.H.: Erfolgreiche Gespräche durch aktives Zuhören, Ehningen 2010, S. 27 ff.;

[27] Vgl. hierzu auch: Fabian, C.: Zuhören und hinhören, München 2017, S. 8 ff.

7.1.2 Erschwernisse des Zuhörens

Beim Lesen eines Fachbuches oder eines Fachartikels findet eine Inhalts-
aufnahme über das Auge statt. Hören Sie sich einen Vortrag im Radio
an, so ist das Ohr der Mittler. Steht der Professor/in in der Vorlesung vor
Ihnen, so empfangen Auge und Ohren die Eindrücke. Vorteil eines Buches
ist, dass Sie darüber längere Zeit verfügen. Sie können mal schneller,
mal langsamer lesen, länger bzw. kürzer bei bestimmten Textpassagen
verweilen, Notizen am Rand anbringen, Passagen des Gelesenen daraus
abschreiben und vor allem auf bereits Gelesenes wieder zurückgreifen, d. h.
nach Belieben und Verständnis wiederholen.

Diesen Vorteilen des Geschriebenen kann der fehlende persönliche Kontakt mit dem Autor entgegengehalten werden. Sie hören das, was er sagt,
nicht unmittelbar. Im Gegensatz hierzu hören Sie das gesprochene Wort
des Dozenten/in in einer Vorlesung nur einmal. Es gibt keine Wiederholung
und kein Zurückblättern. Jetzt gibt es ab und an auch Studierende, die die
Vorlesung aufzeichnen, dies bedarf der Zustimmung des Dozierenden und
die Auswertung dieser Veranstaltung (zu Papier bringen) ist ausgesprochen
aufwendig, so Aussagen von Studierenden.

Je nach Engagement, Enthusiasmus, Gestik, Mimik oder Artikulation
des Lehrenden kann eine Vorlesung interessant und motivierend wirken,
der Behaltenseffekt vieler Vortragsinhalte ist größer. Wichtig dabei ist
auch, dass der Dozierende möglichst frei spricht, nicht nur ein ausgearbei-
tetes Skript abliest und mit vielen Beispielen und interessanten Pointen
arbeitet.

Das Zuhören als eine Form des passiven Verhaltens im Studium bereitet
vielen Studierenden erhebliche Probleme, nicht zuletzt auch dadurch, dass
die Inhalte in vielen Veranstaltungen wissenschaftlicher Natur und nicht
einfach zu verstehen sind. So meint schon *Goethe*:

„Es hört doch jeder nur, was er versteht."

Darüber hinaus wirken eine Reihe von Faktoren zusätzlich erschwerend
auf das effektive Zuhören in Lehrveranstaltungen. So führen meine Studierenden immer wieder an, dass psychische Faktoren wie z. B. fehlende
Motivation für das Fach und soziale wie z. B. Anonymität in Großraum-
vorlesungen mit einer hohen Anzahl an Studierenden, keinen festen Platz
während der Veranstaltung, oftmals andere Personen als Sitznachbarn,
das Zuhören erschweren.

Weitere Erschwernisse können sein[28]:

- Der Dozent/in spricht zu schnell oder zu langsam,
- Die Art des Lehrenden (Methodik), Gestik, Mimik, Monotonie, Eintönigkeit, keine Gliederung, Sprechweise, „vorlesen", usw. wirkt verwirrend und ermüdend;
- Der Informationsgehalt der Lehrveranstaltung ist höher/niedriger als die persönliche Aufnahmekapazität;
- Der Zeitpunkt der Lehrveranstaltungen liegt äußerst ungünstig, z. B. früher Vormittag, abends ab 19.00 Uhr, also in einer Zeit erhöhter Müdigkeit;
- Überforderung des Studierenden, da dieser mehrere Studientätigkeiten gleichzeitig bewältigen muss (zuhören, mitdenken, gedanklich verarbeiten und mitschreiben);
- mit dem hohen fachlichen Sprachgebrauch (viele Fremdworte) des Professors/in nicht zurechtkommt (Verständnisproblem).

Grundlegend erkennen Sie aus vielen dieser Punkte, wie wichtig es ist, dass der Dozent/in frei spricht und wenig abliest, weder von seinen Mitschriften noch von seinen Charts, die an die Wand produziert werden. Dieser Meinung war auch der schweizerische Philosoph Friedrich Theodor Vischer, als er zu Beginn des 19. Jahrhunderts formulierte:

„Eine Rede ist ein für allemal keine Schreibe."

7.1.3 Anregungen zur Effektivierung des Zuhörens

Zuhören ist insbesondere im Studium eine bewusste Tätigkeit, um zu verstehen, was uns die Professoren/innen mitteilen möchten. Wichtig ist es jetzt zu lernen, richtig zuzuhören und zu verstehen. Daher jetzt einige Denkanstöße/Anregungen, die behilflich sein können:

(a) **Zweckmäßige Vorbereitung**: Setzen Sie sich mit dem anstehenden Fach möglichst vorher schon etwas auseinander, besorgen Sie sich rechtzeitig erste Informationen über das Fachgebiet (z. B. Zeitschriftenbeiträge, Internetrecherche und -quellen, Gespräche). Stellen Sie sich innerlich bereits darauf ein, indem Sie sich fragen, was weiß ich über dieses Thema bereits. Handelt es sich um ein für Sie neues Fachgebiet, so kann der Titel der Veranstaltung (aus dem Vorlesungsverzeichnis entnommen), bereits als Hinweis für Literaturquellen und Internetquellen verwendet werden.

Sinnvolle Vorbereitung wäre auch der Besuch von Lehrveranstaltungen vor Studienbeginn (Schnupperstudium) oder die Diskussion mit Stu-

---

[28] Vgl. Schraeder-Naef, R.D.: Rationeller Lernen, Weinheim 2017, S. 156 ff.

dierenden höherer Semester. Ferner ist wichtig, dass Sie ausgeruht in die Lehrveranstaltungen kommen, möglichst schon etwas früher, um gerade in Großveranstaltungen an Universitäten mit bis zu 1.500 Hörern einen Platz in den vorderen Reihen zu erhalten. Das Zuhören wird in diesem Fall erleichtert durch den Platz neben einem Wunschkommilitonen/in, die Nähe zum Professor/in (Beobachtung Gestik/Mimik und fachliche Pointierung durch Stimmmodulation), zu den aufgelegten Charts und bietet auch die Möglichkeit, bei Unverstandenem Fragen stellen zu können (Verstehen).

(b) Viele Professoren/innen geben in der ersten Veranstaltung des Semesters einen **Überblick über ihr Themengebiet**, der als eine Art „roter Faden" erste Anhaltspunkte über den folgerichtigen didaktischen (inhaltlichen) Aufbau einer Vorlesungsreihe in diesem Semester liefern kann. Insofern ist gerade der Besuch der ersten Veranstaltungen des Semesters wichtig, um die Struktur des Faches und vielleicht Zusammenhänge auch zu Nachbarwissenschaftsdisziplinen erkennen zu können. Ferner bemerken Sie schon frühzeitig, welche Inhaltsschwerpunkte zu den „Lieblingsthemen" Ihres Professors gehören (z. B. tief unterteilter Gliederungspunkt in der ausgehändigten Vorlesungsdisposition, eigene Publikationen zu diesem oder bestimmten Themen) und welche weniger (z. B. nicht tief gegliederter Inhaltspunkt und der professoralen Empfehlung, diesen zum Nachlesen im Selbststudium durchzuarbeiten). Zuhören und verstehen wird erleichtert, wenn Sie die Gestik und Mimik des Vortragenden sehen und „fühlen" können.

(c) Schauen Sie Ihrem **Professor/in „auf die Lippen"**, finden Sie die gedankliche Struktur des Vortrages heraus (Wie geht er das Thema an und worauf will er hinaus?). Versuchen Sie Hauptargumente in den Ausführungen zu erkennen (z. B. sprachliche Akzentuierungen registrieren, auf Zusammenfassungen am Anfang und am Ende einer Lehrveranstaltung achten, auf „stille" Hinweise der Prüfungsrelevanz eines Themas achten). Werden Sie sich über die Art des Vortrages in der Vorlesung klar, d. h. welcher Darstellungsweise sich der Lehrende bedient.

Wer in die Tiefe eines Problems gehen möchte, kann nur einen schmalen Ausschnitt einer Gesamtproblematik behandeln. Wird vom Professor ein großes Inhaltsgebiet umrissen, kann er nicht so sehr in die Tiefe gehen, sondern wird einen Querschnitt (Breite) geben. Eine Synthese von Breite und Tiefe wird in Vorlesungen und Seminaren (Optionen) erreicht, da es hierbei um Veranstaltungen über einen längeren Zeitraum, über ein Semester handelt.

Neben Veranstaltungen nach Tiefe und Breite eines Inhaltsgebietes unterscheiden wir noch nach Denkrichtungen. Die **deduktive Denkrichtung** geht vom Allgemeinen aus, einem Gesetz, von Regeln, vom Gesamtzusammenhang und gewinnt durch Zerlegung des Ganzen, durch Analyse („Auseinandernehmen) die Erkenntnis des Besonderen, des Einzelnen, des spezifischen Falls.

> **Beispiel:** Aufgrund der Kenntnis lernpsychologischer Gesetzmäßigkeiten ist es möglich, Hilfen und Anregungen für das Lernen im Erwachsenenalter zu geben.

Wie aus diesem Beispiel erkennbar, wird eine deduktiv angelegte Vorlesung bei den allgemeinen Gesetzmäßigkeiten beginnen und zur Erkenntnis des spezifischen Falles, der Besonderheit, des konkreten Einzelfalles hinführen. Eine deduktiv angelegte Vorlesung beginnt also bei allgemeinen Gesetzmäßigkeiten und führt im Zeitablauf (Semester) zur Erkenntnis des speziellen, des konkreten Einzelfalles (Lernen im Erwachsenenalters).

Die entgegengesetzte Denkrichtung, die **induktive Methode/Denkrichtung**, geht vom Einzelnen, vom Besonderen, evtl. empirisch Gefundenen aus und leitet aus deren Merkmalen bzw. Verhalten allgemeine Schlussfolgerungen, Regeln oder Gesetze ab.

> **Beispiel:** Die Mitarbeitermotivation bei der Fa. Dudel und deren Auswirkungen auf mittelständische Unternehmen in Deutschland.

Bei dieser induktiven Vorgehensweise gehen wir vom empirisch Gefundenen (der Empirie), vom Einzelnen, vom Besonderen aus und leitet aus deren Merkmalen allgemeine Schlussfolgerungen ab. Wesentliches Arbeitsinstrument des induktiven Denkens ist die synthetische Methode, das Zusammensetzen vieler Einzelteile zu einem Ganzen.

In der Studienpraxis der Vorlesungen werden die hier getrennt dargestellten Denkmethoden selten in dieser reinen Form für sich allein, sondern meist in zweckmäßiger Mischung vorgefunden.

Albert Einstein meinte hierzu: „*Das letzte Ziel aller wissenschaftlicher Erkenntnis besteht darin, das größtmögliche Tatsachengebiet aus der kleinstmöglichen Anzahl an Axiomen und Hypothesen zu erhellen.*"

Da einer Vorlesung über ein Semester die inhaltlich systematisch-fortschreitende Methode eigen ist, ist kontinuierliche Anwesenheit (Präsenz) wichtig, um die Inhalte im Gesamtzusammenhang erkennen zu können. Sollten Sie während einer Lehrveranstaltung inhaltliches nicht verstanden haben, ist es sinnvoll, dies entweder zu notieren oder aber den anbietenden Professor direkt zu fragen, entweder während oder nach der Vorlesung. Scheuen Sie sich nicht vor einem Besuch in den Sprechstunden des wissenschaftlichen Personals (Assistenten) oder der wöchentlich angebotenen Sprechstunden der Hochschullehrer/innen.

Lassen Sie sich beim Zuhören nicht Ablenken (Selbstdisziplin) und zeigen Sie sich durchaus auch kritisch, d. h. nehmen Sie nicht alles als gegeben und richtig hin. Stellen Sie Fragen. Auf diese Weise wird durch eine intensive und kritische Auseinandersetzung mit dem Thema aus einem passiven Zuhörer in der Vorlesung ein aktiver Teilnehmer. Viele Professoren fördern die gemeinsame Kommunikation auch durch einen fragen-entwickelnden Lehrstil. Auch hierzu meinte *Albert Einstein*: *„Klug ist jeder, der Schweres einfach sagt. Das Wichtigste ist, dass man nicht aufhört zu fragen."*

Zuhören ist die Basis jeglicher Kommunikation. Durch aufmerksames Zuhören in den Lehrveranstaltungen wird eine Verbindung hergestellt, eine Gemeinsamkeit. Erst zuhören macht einen wirklichen Dialog mit anderen möglich. Zuhören bedeutet Aufnahmebereitschaft und Verständnis für die Worte eines Anderen. Zuhören ist die beständige Suche nach Substanz. Jemanden zu lehren und Denkanstöße zu geben, wie zugehört wird, ist deshalb so wichtig, weil Sie so die Fähigkeit erlernen, sich die Ideen und Gedanken anderer anzueignen, diese zu verstehen und nachvollziehen zu können[29]. Beherzigen Sie diese Hinweise zur effektiven Gestaltung des Zuhörens im Studium, denn schon *Goethe* meint hierzu:

„Überhaupt lernt niemand etwas durch bloßes Anhören,
und wer sich in gewissen Dingen nicht selbst tätig bemüht,
weiß die Sachen nur oberflächlich."

Verwechseln Sie aktives Zuhören nicht mit Schweigen. Gute Zuhörer stellen klärende Fragen, wenn Sie etwas nicht Verstanden haben und wiederholen dabei mit eigenen Worten, was sie nicht verstanden haben bzw. wie sie es verstanden haben. Denken Sie daran: „Es gibt keine dummen Fragen, sondern nur dumme Antworten" und halten Sie es mit *Dalai-Lama*, der sagte:

„Denke immer daran: Wenn Du etwas sagst, dann wiederholst Du nur das, was Du sowieso schon weißt. Aber wenn Du zuhörst, dann kannst Du noch Neues erfahren."

---

[29] Vgl. hierzu Torralba, R.: Die Kunst des Zuhörens, München 2007, S. 11 ff. und Murphy, K.J.: Besser zuhören – mehr Erfolg, Freiburg 1987.

7.2 Mitschreiben in Lehrveranstaltungen

7.2.1 Wichtiges aufschreiben

Aktives Zuhören und Zusehen, Mitdenken und Überdenken, Strukturieren des Gehörten und Gesehenen sowie **Mitschreiben** sind die wichtigsten Funktionen für Studierende in Lehrveranstaltungen. Mitschreiben erleichtert nicht nur die Aufmerksamkeit und wirkt gedächtnisentlastend, es bietet ferner eine zusätzliche Auseinandersetzung mit dem Inhalt der Veranstaltung. Wie heißt es schon in einem alten Sprichwort:

„Einmal geschrieben ist so gut wie zehnmal gelesen."

Um den Prinzipien Übersichtlichkeit, Vollständigkeit und Genauigkeit beim Mitschreiben gerecht zu werden, ist es wichtig, arbeitsorganisatorische Anregungen als Vorbereitung des eigentlichen Mitschreibens zu beachten. Mitschreiben in Lehrveranstaltungen erfordert volle Konzentration für die Selektion wichtiger Inhaltspunkte aus einer gesprochenen Wortvielfalt, insbesondere, um dies auch im Nachgang, im Selbststudium, verständlich nachvollziehen zu können. Da der Mensch auch ein „Augentier ist", so Wazlawik, ein bekannter Kommunikationswissenschaftler, und durchgehend Geordnetes und Strukturiertes, bildhaft dargestellt, auf dem Papier besser behalten wird, sind gewisse Vorarbeiten hierfür wichtig. Mitschriften helfen Ihnen dann, das in der Vorlesung Gehörte zu sichern und sich später daran zu erinnern.

7.2.2 Organisatorische Vorbereitung – Inhalte festhalten

Um die Selbststudienphase zu erleichtern -auch in Vorbereitung einer Klausur- ist es wichtig, dass Sie bereits zu Beginn des Studiums eine gewisse Strenge in der Anlage und laufenden Weiterführung Ihrer Mitschriften und sonstigen Studienunterlagen praktizieren. Merken Sie sich hierzu:

+ Verwenden Sie für jedes Fach lose Blätter und bleiben Sie beim einmal gewählten Format (z. B. DIN A 4);
+ Beschriften Sie die Blätter nur einseitig, halten Sie der Ordnung halber den Namen der Lehrveranstaltung, den Professor/in und das Datum der Veranstaltung fest und nummerieren Sie durchgehend;
+ Lassen Sie einen breiteren Rand für spätere Notizen, Gliederungshilfen oder inhaltliche Einschübe wie Definitionen;

Folgendes Beispiel, kennengelernt auch an amerikanischen Universitäten, (in Anlehnung an das Cornell-System), zeigt eine Vorstrukturierung/Einteilung des Mitschreibebogens:

Fach:	Prof:	Datum:	Seite:	Semester:

Schlagworte/ Überschriften	Wichtigste Punkte	Querverweise
Spalte 2	Spalte 1	Spalte 3

Ausgehend von einer Dreiteilung des Blattes werden in einer Spalte 1 die wichtigsten inhaltlichen Punkte der Vorlesung festgehalten. Spalte 2 ist für Schlagwörter/Überschriften gedacht, die sich als Gliederungshilfen aus dem Inhaltlichen oder aus Überschriften der Vorlesungsagenda ergeben können. Ferner können hier separat Fachtermini festgehalten werden sowie deren Definition. Spalte 3 dient z. B. Querverweisen zu anderen Wissenschaftsgebieten/Fächern, Fragen zu noch Unverstandenem oder vom Professor zwischendurch genannte Literaturhinweise/Klausurhinweise.

Diese Vorstrukturierung und letztlich auch das einheitliche Erscheinungsbild des Mitgeschriebenen, das sich durch alle Fachgebiete zieht, ist wichtig für die Schaffung einer gedanklichen Struktur im Kopf und die Visualisierung.

Es gibt immer mehr Studierende, die in den Lehrveranstaltungen mit ihrem Tablet und ihrem Notebook sitzen und Gehörtes mitprotokollieren. Auch hier könnte ein strukturierter Vorschlag für das Mitschreiben in Word, OneNote oder einem anderen Textverarbeitungsprogramm sinnvoll sein. Wer besonders fix mit der Tastatur umgehen kann, sollte sich das Gehörte auf diese Weise erschließen. Wichtig ist nur, dass Sie sich auch darum kümmern und nicht in den diversen Datenbanken und Suchmaschinen tummeln, die nichts mit dem Lehrstoff zu tun haben. Mitschreiben ist auch dann wichtig, wenn die PowerPoint Präsentationen im Lernmanagement der Universität hochgeladen sind, die Sie sich herunterladen können. Auf den einzelnen Charts stehen oftmals nur Schlagworte/Stichpunkte, die in der Vorlesung kommentiert und um Beispiele angereichert werden.

Erst später, in der Klausurvorbereitung, werden Sie erkennen, welche Schatzkammer des für Ihr Fach bedeutsamen Wissens, welche Fülle von Aufzeichnungen Sie im Laufe der Zeit angesammelt haben. Daher ist von Anfang an eine gewisse Strenge in der Schaffung von gedanklichen Strukturen Ihrer Mitschriften notwendig. Sinnvoll ist auch, wenn Sie sich im Vorfeld der Vorlesung schon in das Thema einlesen, um eine erste Vorahnung darüber zu haben, was Ihr Professor/in da eigentlich redet. Oftmals laden Professoren/innen Fachliteratur im Hochschul-Lernmanagementsystem hoch, die im ersten Schritt schon mal angelesen werden sollte.

7.2.3 Mitschreiben – Inhaltsauswahl

Viele Studierende sind der Meinung, sie müssten in einer Lehrveranstaltung alles mitschreiben und wundern sich dann im Nachgang, wenn sie wenig von dem verstanden haben, was angesprochen wurde. Immer wieder wird die Frage gestellt, was denn nun eigentlich mitgeschrieben werden soll. Es ist zweifellos nicht so einfach, den richtigen Weg des Mitschreibens zu finden, Wichtiges von Unwichtigem zu trennen, gleichzeitig zuhören, die Inhalte gedanklich verarbeiten und dann niederschreiben[30]. Was sollen Sie nun mitschreiben? Hierzu einige wichtige Anregungen.

Beachte:

- Das **wörtliche Mitschreiben** des Gehörten ist nicht gerade ökonomisch, da Sie zu stark am einzelnen Wort kleben und somit Sinnzusammenhänge erst spät oder gar nicht erkannt bzw. erfasst werden. Bei zu starkem wörtlichem Protokollieren kommt das Aufpassen/Zuhören zu kurz und Sie könnten etwas Wichtiges verpassen. Besonders in diesem Zusammenhang ist auch, dass Sie die Persönlichkeit des Dozenten, dessen Gestik, Mimik, Sprachverhalten, Stimmmodulation (Betonung von Inhalten) nicht genügend auf sich wirken lassen können, was ja auch motivationsfördernd sein kann. Ferner wird das Einzelwort wichtiger wahrgenommen als der Sinn des Ganzen und rein mechanisches Nachschreiben wird zur Hauptfunktion und verhindert somit effektives Aufnehmen von Inhalten.

- Grundsätzlich gilt, das **Wesentlichste stichwortartig zu erfassen** und Schlüsselwörter bzw. Fachtermini dieser Veranstaltung festzuhalten. Dies schließt jedoch nicht aus, dass Sie dann und wann eine wichtige Kernaussage oder eine Definition wörtlich übernehmen und schriftlich festhalten. Entlasten Sie Ihr Gedächtnis, indem Sie genannte Zahlen, Regeln, Namen von bekannten Fachwissenschaftlern, Gesetze sofort notieren. Wichtig ist auch, Hinweise auf besondere Fachartikel in bestimmten Zeitschriften nicht nur festzuhalten, sondern auch zu lesen. Notieren Sie auch Zitatbelege und Literaturhinweise sorgfältig. Halten Sie Hauptaussagen jedes Vorlesungsabschnitts fest und achten auf die Erklärungen/Folgen dieser Hauptaussagen.

- Hauptaugenmerk gilt der **Sinnerfassung des Vorgetragenen**. Achten Sie in besonderem Maße auf Überschriften, Zusammenfassungen auch zum Anfang oder zum Ende einer Lehrveranstaltung, auf Kernaussagen, Zwischenüberschriften und Schlussfolgerungen. Halten Sie Kontakt zum Professor/in, dann gehen auch unwägbare Dinge wie z. B. Scherze, Gesten, Übertreibungen, Lachen, usw. nicht verloren. Der verbale Teil der Vorlesung wird meist ergänzt durch PowerPoint Charts, Tafelskizzen,

---

[30] Vgl. hierzu auch Kruse, O.: Lesen und Schreiben, Stuttgart 2018, S. 16 ff.

Flipchartnotizen, auf Folien dargestellte Schemata, graphische Darstellungen usw. jeweils in Abhängigkeit vom Fach und seinen Inhalten. Pädagogisch sehr wertvoll ist, wenn das Vorgetragene vom Dozenten an der Tafel, auf einer Folie oder einem Flipchartbogen gemeinsam entwickelt und festgehalten wird. Darüber hinaus gibt es aber auch Professoren, die hinter dem Rednerpult stehend, nur „vorlesen", ohne den Hörern Materialien an die Hand zu geben. Dies ist für das Mitschreiben und das Strukturieren der Inhalte eine besondere Herausforderung und erfordert höchste Konzentration und Aufnahmefähigkeit.

- Das Mitschreiben lässt sich erleichtern, wenn Sie sich **frühzeitig Abkürzungen** für z. B. Fachtermini, aneignen, die immer wieder verwendet werden. Sie helfen, Zeit zu sparen und ermöglichen damit eine bessere und intensivere Aufnahme der Vortragsinhalte.

Es gehört schon viel Übung dazu, das „günstigste" Maß für das Mitschreiben herauszufinden. Mit der Zeit werden Sie jedoch bemerken, dass überlegtes, mit Struktur versehenes und sinngemäßes Mitschreiben eine ausgezeichnete Denkschulung darstellt und Sie sich hierdurch zu einem aktiven Zuhörer entwickeln, der sich intensiv mit der inhaltlichen Materie auseinandersetzt, denn

+ Das Hauptaugenmerk muss dem Sinn der Vorlesungsinhalte gelten;

+ Der Kontakt mit dem Professor/in muss sich einstellen und erhalten bleiben, setzen Sie sich in eine der vorderen Reihen, um ungestört zuhören und Stimmungen wahrnehmen zu können;

+ Die oft unwägbaren Dinge, z. B. Scherze, Lachen, Gags im Vortrag sollten erlebt werden;

+ Die Inhalte können sofort gedanklich verarbeitet werden;

+ Das spätere Lernen mit dem Mitgeschriebenen darf nicht durch Ballast behindert werden.

7.2.4 Überarbeitung des Mitgeschriebenen

Je eher Sie nach einer Lehrveranstaltung Ihre gemachten Notizen überarbeiten, desto genauer und wertvoller werden diese Aufzeichnungen. Nochmaliges Abschreiben „ins Reine" ist nicht unbedingt empfehlenswert, damit verlieren Sie nur kostbare Zeit.

Sie können im Rahmen der Wiederholung des Mitgeschriebenen auch eine Mindmap erstellen, indem Sie das Oberthema/Gliederungspunkt in die Mitte eines Bogens schreiben und Unterpunkte mit Pfeilen verstehen oder bildhaft formuliert: Von dem im Zentrum stehenden Thema oder Schlagwort gehen Äste mit weiteren Informationen und einzelnen Aspekten ab. Die Unterpunkte können dabei viele neue Äste bilden, achten Sie aber darauf: Ab einer bestimmten Komplexität wird es unübersichtlich.

Sie können aber auch Online-Programme wie Sketchnotes oder Mindnote nutzen. Vor allem Studierende, die besonders gut über das Auge, sprich visuell lernen, können dann sogar Texte und Bilder kombinieren.

Für die Überarbeitung des Mitgeschriebenen bietet sich auch Ihre Lerngruppe an. Das Thema der Vorlesung wird durch die gemeinsame Aufarbeitung intensiver behandelt, da mögliche Lücken, die in den Mitschriften des Einen entstanden sein können, durch Ergänzungen der Anderen gefüllt werden. Denken Sie daran, durch die unterschiedliche Wahrnehmung des Gehörten ergeben sich meist unterschiedliche Mitschriften mit zum Teil abweichendem Text, denn nur etwa 20 % dessen, was Sie in der Vorlesung hören, schaffen Sie aufs „Blatt". Durch eine solche Vorgehensweise in Ihrer Lerngruppe würden nicht nur Ihre Unterlagen vervollständigt und ergänzt, sondern auch die Lerninhalte wiederholt und aus einem anderen Blickwinkel reflektiert. Gibt es nach Ihrer Teamsitzung immer noch Unverstandenes, dann scheuen Sie sich nicht und Fragen den Professor/in in der Folgevorlesung oder suchen Sie das Gespräch mit den wissenschaftlichen Mitarbeitern des Lehrstuhls.

Ganz wichtig an dieser Stelle **einige Hinweise**, die Sie beherzigen sollten:

- Durch das frühzeitige Nachbereiten der Mitschriften können Sie Ihre Gedanken nochmals strukturieren und Ihrer Mitschrift etwas mehr Sinn verleihen. Lernpsychologisch am besten wäre eine Nachbereitung innerhalb von 24–48 Stunden, solange bleibt vieles noch im Kurzzeitgedächtnis;

- Gehen Sie nochmals Ihre Powerpoint-Präsentation, sofern vorhanden, durch und ergänzen Sie diese mit Ihren Mitschriften;

- Unterstreichen Sie Hauptpunkte, auch farbig, um bei späterem Lernen auch beim Nachschlagen und Durchblättern der Unterlagen, schneller im Bilde zu sein. Streichen Sie Unwichtiges;

- Ordnen Sie jedem Gliederungspunkt der Vorlesungsagenda Hauptgedanken zu, verwenden Sie dabei eigene Formulierungen auch für Ihr Verständnis;

- Nehmen Sie ergänzend Fachliteratur zu Hilfe, auch um Unverstandenes noch verständlicher zu machen;

- Überarbeiten des Mitgeschriebenen kann auch heißen, die Inhalte durch graphische Aufbereitung zu visualisieren, zu ordnen und zu strukturieren. Hierzu bieten sich auch Mindmaps, Gedanken- und Gedächtniskarten, an, zum Erschließen und zur visuellen Darstellung eines Themengebietes, die für Mitschriften genutzt werden können. Dazu werden heute auch Mind-Mapping-Tools angeboten;

- Sogar das Schreiben von Spickzetteln ist eine große Lernhilfe, da sich die Inhalte alleine beim Verfassen eines solchen viel besser einprägen. Nur vergessen Sie danach nicht, diesen vor der Klausur zu vernichten ....

Unterschätzen Sie jetzt nicht die motivationale Wirkung eines einheitlich-strukturierten, anschaulichen Ordners mit bearbeiteten Mitschreibebogen gegenüber einer oftmals uneinheitlichen „Loseblattsammlung" bei Vorlesungsmitschriften. Diese Einheitlichkeit beim Mitschreiben über eine Vielzahl von Fächern im Studium festigt eine gedankliche Struktur der Inhalte und ist auch ein Visualisierungsinstrument (visueller Lerntyp). Auditive Lerntypen nehmen ab und an Vorlesungen mit dem Smartphone auf. Unterschätzen Sie nicht, wie anstrengend es ist, dies zuhause nochmals anzuhören und Essentielles zu notieren. Vorlesungen dauern 90 Minuten, diese Form der Nacharbeit ist aufwendig und eine Aufnahme ist nur dann empfehlenswert, wenn Sie während der Vorlesung in den ersten Reihen sitzen und der Lärmpegel bei oftmals hunderten von Zuhörern nicht zu hoch ist. Eine Rückfrage bei vielen meiner Kollegen/innen auch anderer Hochschulen/Universitäten ergab, dass diese Instrumente ganz selten zum Einsatz kommen. US-Forscher haben in einer Studie herausgefunden[31], dass die handschriftliche Methode des Mitschreibens in Lehrveranstaltungen die bessere sei: In mehreren Studien zeigten sie, dass die Studierenden, die ihre Notizen auf dem Laptop und sonst elektronisch machen, bei Leistungstests schlechter abschnitten, als die, die das Wichtigste per Hand mitschrieben. Grund: Per Laptop besteht die Tendenz, alles wörtlich zu notieren. Bei handschriftlichen Mitschriften filtert der Studierende aus dem Gehörten das für sich entscheidende direkt heraus und formuliert es in eigenen Worten. Das erhöht, so die Forscher, den Behaltenseffekt.

Merke   Gehen Sie nicht davon aus, dass die häufig von Professoren/innen ins Hochschulnetz gestellten Charts zu einzelnen Fachgebieten zum Herunterladen für Sie ausreichen, eine Klausur zu bestehen. Diese Charts bilden meist ein gedankliches Gerüst, das es auf- und auszubauen und vor allem zu ergänzen gilt. Sie repräsentieren den roten Faden für dieses Fach und sind häufig kurz und übersichtlich gehalten mit Definitionen und fachlichen Schrittfolgen. Diese Inhalte auf den Charts gilt es jetzt um Beispiele, Anmerkungen, Anregungen, zusätzliche Hinweise und fachliche Exkurse auch aus den Mitschriften zu ergänzen. Die oftmalige Fülle der Charts (z.B. 200 pro Fach und Semester) ersetzt nicht das Studium der Literatur oder Nichtpräsenz in Lehrveranstaltungen.

Wenn Sie bei jeder Vorlesung unter Einbindung der Charts im Netz konsequent mitschreiben und Ihre Mitschriften unter Berücksichtigung o.g.

---

[31] Vgl. hierzu: Bialas, B.: Mitschreiben mit Köpfchen, in: Audimax, Nawi, Heft 11/2018, S. 28f. und dieselbe: Kopf, Stift, Papier, in: Audimax, Nawi, Heft 11/2016, S. 42f.

Überarbeitungshinweise wiederholen, haben Sie am Semesterende ein vollständiges, individuelles Manuskript, das Ihnen sowohl beim Selbststudium als auch bei Ihrer Lerngruppenarbeit wichtige Dienste leistet. Natürlich können Sie auch digital mitschreiben. Probieren Sie es einfach aus und entscheiden dann, wie Sie mitschreiben und welche Form des Festhaltens von Wissen Ihren Lernprozess besser unterstützt. Ferner spielen vor allem auch persönliche Vorlieben ob Laptop/Tablett oder Papier, ob Stift statt Tastatur, eine nicht unerhebliche Rolle. Beide Instrumente bieten Vor- und Nachteile, wobei die „handgeschriebene Blockmitschrift" derzeit von Studierenden höher präferiert wird.

7.3 Verarbeitung von Fachliteratur

7.3.1 Effektives Lesen

7.3.1.1 Wissenswertes zum Einstieg

Auch wenn zukünftig neue Informationsmittel (z. B. E-Book) im Rahmen des rasanten Fortschritts von Wissenschaft und Technik dem Buch bisher wesentliche Funktionen abnehmen, bleiben Fachbücher in Bibliotheken oder als E-Book und Zeitschriftenbeiträge oder Fachbeiträge im Internet, die den aktuellsten fachwissenschaftlichen Stand widerspiegeln, während der Studienzeit unentbehrliche Ratgeber. Halten Sie es mit dem im 16. Jahrhundert lebenden englischen Philosophen *Francis Bacon*:

„Lesen bereichert den Menschen, mündlicher Gedankenaustausch macht ihn gewandt, Niederschriften verhelfen zu genauerem Wissen."

Lesen bedeutet, sprachlich formulierte Gedanken aufzunehmen und zu verstehen. Diese geistige Arbeit setzt im Studium eine intensive Auseinandersetzung mit der Literatur voraus, was allerdings nicht unbedingt bedeutet, jedes Fachbuch, das die Professoren/innen zu Semesterbeginn für Ihr Fach nennen, von Anfang bis zum Ende zu lesen. Dies ist zeitlich kaum möglich, teilweise auch gar nicht notwendig. Ferner kommt es nicht darauf an, ein Buch bzw. einen Zeitschriftenbeitrag nur gelesen zu haben, wichtig ist vielmehr, den Inhalt verarbeitet und verstanden zu haben. Um mehr Lesen zu können, müssen Sie sich Lesestrategien aneignen, mit deren Hilfe wir das eigene Lesen im Studium effektiv gestalten. Sie müssen noch einmal neu lesen lernen, drauf los zu lesen, wie wir es bei schöngeistiger Literatur machen können, ist keine Strategie, um die Anforderungen an das Lesen in der Universität bewältigen zu können.

„Nicht jeder, der lesen kann, kann lesen."

Lesen bedeutet also, etwas Geschriebenes durch Erfassen der zu sinnvollen Wörtern und Sätzen vereinigten Buchstaben geistig verstehend in sich aufzunehmen. Lesen bedeutet aber auch den Sinn des Gelesenen zu erfassen, zu deuten und zu interpretieren. Lesen, Begreifen und Lernen sind wichtige Wesenszüge des Studierens und verlangen in der zweiten Phase des Lesens gründliches, studierendes Lesen. Dies trifft insbesondere für ein fachwissenschaftliches Buch zu, denn gerade hier gilt es, gründlich Wort für Wort, Satz für Satz, Abschnitt für Abschnitt zu erfassen, zu verarbeiten und Sinnzusammenhänge zu erkennen[32].

Wissenschaftliche Literatur bzw. wissenschaftliche Texte sind meist schwierig durch

- Ihren hohen Abstraktionsgrad
- einer intensiven Nutzung von Fachbegriffen, die außerhalb des alltäglichen Erfahrungswissens liegen
- durch die Tatsache, da sich die Texte in erster Linie an eine sehr spezielle, fachkundige Leserschaft richtet und meist hoch verdichtet und logisch stringent formuliert sind und
- ein bestimmtes Vorwissen bereits erwartet wird.

Daher ist es zu Studienbeginn ganz wichtig, vorab Fachbuchliteratur zu wählen, die häufig mit dem Titel/Untertitel „Einführung in ......" gekennzeichnet ist.

Auch aus diesen Gründen können wissenschaftliche Texte nur mit einer gewissen Übung und gewissen Methodik bewältigt werden, da Sie über eine solche Übung und der Handhabung wissenschaftlicher Literatur meist nicht verfügen – Sie stehen ja noch am Anfang Ihrer wissenschaftlichen Karriereleiter- werden nachfolgend wertvolle Hilfestellungen gegeben. Auch Goethe war sich der Schwierigkeiten des Lesens schwieriger Texte bewusst und er spottete über das Ansinnen vieler Menschen, die gänzlich ohne vorbereitete Kenntnisse jedes wissenschaftliche Buch lesen und so tun mochten, als hätten sie es mit einem schöngeistigen Buch, z. B. einem Roman, zu tun. Der deutsche Philosoph *Artur Schopenhauer* meint zu dieser Thematik:

> *„Lesen heißt mit einem fremden Kopfe, statt des eigenen, zu denken."*

und das macht das Lesen fachwissenschaftlicher Literatur zum Studienbeginn so schwer.

---

[32] Vgl. hierzu: Fischer, R.: Effektives lesen – besser denken – schneller verarbeiten, Grafenau 1983, S. 15 ff.; Zielke, W.: Schneller lesen – intensiver lesen – besser behalten, München 1991.

7.3.1.2 Probleme beim Lesen wissenschaftlicher Literatur

Im Rahmen des „studierenden" Lernens haben viele Studienanfänger, so zahlreiche Gespräche mit jungen Studierenden, mit der einen oder anderen Leseschwierigkeit zu kämpfen:

- Oftmals schwer verständliche Fachsprache, gespickt mit einer Vielzahl von Fachtermini. Dies kann das Erkennen und Verstehen wesentlicher Inhalte erschweren, deren Einordnung in die richtigen Zusammenhänge sowie im Rahmen der Prüfungsvorbereitung das Behalten und später die Wiedergabe des Gelesenen erschweren. J.W. *Goethe* gibt herzu folgenden Hinweis:

> „Lehrbücher sollen anlockend sein; das werden sie nur, wenn sie die heiterste, zugänglichste Seite des Wissens und der Wissenschaft hinbieten."

- Vielen Studierenden, nicht nur Studienanfängern, fehlt meist die kritische Distanz zum geschriebenen Wort, d. h. im guten Glauben wird oftmals alles aufgenommen, was schwarz auf weiß gedruckt ist. Hier gilt es, je nach Wissenschaftsgebiet, insbesondere zwischen sachlicher Information und Tatsachen, persönlicher Meinung, Interpretation und Spekulation des Autors oder wissenschaftlichen Erkenntnisse aus Forschungsstudien zu unterscheiden. Gerade diese Form des kritischen Lesens muss sich während des Studiums entwickeln.

- Fülle der zur Verfügung stehenden Informationen aus Fachzeitschriften, Internetbeiträgen, Zeitungen, Büchern, Empfehlungen der Professoren/innen und deren Bewältigung. So wird fleißig kopiert, gesammelt und auch online-abgelegt, stets in Erwartung gewisser Mußestunden und Selbstlernzeiten. Gerade hier kommt der Selbstorganisation mit bewusstem Time-Management und einer gezielten Leseauswahl besondere Bedeutung zu.

- Problem des „Lesen müssens" besonders empfohlener, umfangreicher, dicker Grundlagenwerke. Viele Studierende beklagen dabei sehr häufig das Lesen „dicker", umfangreicher Fachbücher, da gerade hier

  + der Lesefortschritt kaum ersichtlich ist (z. B. 15–20 Seiten pro Stunde und dies bei Grundlagenbüchern von oftmals 800–1.200 Seiten);

  + die Schrift dabei nicht gerade lesefreundlich ist, häufig zu klein und zu gedrängt, mit wenigen Abschnittunterteilungen, Abbildungen/Tabellen/Graphiken für das visuelle Lernen, wenig Rand- und Fußnotenfreiheit, um Anmerkungen/Hinweise/Lernhilfen handschriftlich unterzubringen;

  + die Dünne des Papiers der Buchseiten keine Möglichkeit des Unterstreichens wichtiger Textstellen bietet (schlägt auf die Rückseite durch).

Zum Erarbeiten-Müssen eines fachwissenschaftlichen Textes bedarf es besonderer Gegebenheiten und Lesetechniken, um die Aufmerksamkeit beim Lesen zu erhöhen und dadurch die Verstehens- und Behaltensquote zu verbessern. Neben gewissen organisatorischen Aspekten hängt effektives Lesen auch vom richtigen Zusammenspiel äußerer und innerer Faktoren ab, die einerseits den Arbeitsplatz, die Lichtverhältnisse, die Umgebung und Ruhe, die Körperhaltung/Sitzhaltung und den Augenabstand zum Lesestoff betreffen (dies erschwert auch in nicht unerheblichem Maße das Lesen von E-Books und Zeitschriftenbeiträgen aus Datenbanken), insbesondere auch Faktoren wie die richtige Tageszeit, Ruhe, Wohlbefinden, Leseeinstellung und die Motivation zum Lernen. Ferner ist es, so J.W. *Goethe* ein *„großer Unterschied, ob ich lese zu Genuss und Belebung oder zu Erkenntnis und Belehrung".*

7.3.1.3 Lesemethodik – SQ3R

7.3.1.3.1 Arbeitsstufen

Beim Lesen fachwissenschaftlicher Literatur ist das eigentliche Lesen nur ein Teil der Arbeit im Rahmen der Selbststudienphase, entscheidend für die kritische Aufnahme und das Behalten des Gelesenen sind die Vorbereitungs- und Nachbereitungsphasen des Leseprozesses.

Es gibt eine Vielzahl von Ansätzen/Methoden des Lesens fachwissenschaftlicher Literatur. In den USA wurde bereits vor Jahrzehnten die Fünf-Punkte-Lese-Methode (SQ3R) entwickelt[33] und auch heute noch angewandt, die zu effektivem, rationellerem und verstehendem Lesen beitragen soll. Dabei steht die Buchstabenfolge SQ3R für die Abfolge, in der Sie als Studierende ein wissenschaftliches Buch zur Kenntnis nehmen sollen. Robinson geht es dabei nicht um die Erhöhung der Lesegeschwindigkeit, sondern um das Verstehen und Behalten von Inhalten. Somit wird der Lese-/Lernvorgang in folgende Schritte unterteilt:

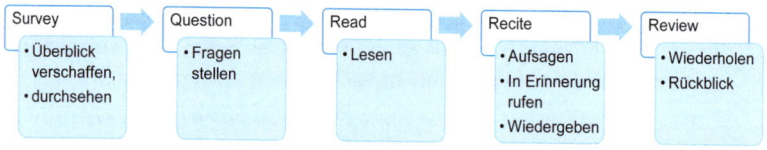

+ Schritt 1: Überblick verschaffen

Wer ein fachwissenschaftliches Buch zum ersten Mal in die Hand nimmt, sollte sich zunächst einen Überblick über das Ganze verschaffen, mit dem Ziel, einen Gesamteindruck zu erhalten. Dabei lesen Sie zuerst einmal kursorisch (lat. Cursor – Läufer), d. h. Sie überfliegen das Inhaltsverzeichnis, das Vorwort, Kapitelüberschriften, um einen Gesamteindruck und

---

[33] Vgl. hierzu Robinson, F.: Effective Study, New York 1978.

-überblick zu erhalten und sich mit dem Autor selbst sowie seinem praktizierten Sprachgebrauch (einfach/schwierig) vertraut zu machen. In diesem Fall kann uns dieses „überfliegende" Lesen auch schon bei der Auswahl passender Literatur bestimmte Vorteile bieten, insbesondere, wenn viele Literaturangaben gemacht wurden.

Einen ersten Überblick durch kursorisches Lesen zu gewinnen, ist bereits eine Kunst, die es zu erlernen gilt. Es ist mit viel Übung verbunden, sich ein Gesamtbild anhand einiger weniger markanter Einzelpunkte zu verschaffen.

Einige dieser Einzelpunkte, die oftmals auch darüber entscheiden, ob überhaupt und in welchem Umfang das vorliegende Buch ausgeliehen, gekauft und natürlich gelesen wird, könnten sein:

+ der **Buchtitel** mit möglichen Untertiteln, der in wenigen Worten den Buchinhalt umreist;

+ der **Verfassername**, meist verbunden mit einer kurzen Vorstellung seines beruflichen Werdegangs, z. B. auf dem Umschlagdeckel am Schluss;

+ evtl. ein **Schutzumschlag,** auf dessen Einschlaglaschen vorne oder hinten der Verlag oftmals die Absicht des Werkes beschreibt oder gar kleine Auszüge aus Buchbesprechungen (Rezensionen) publiziert sind;

+ **Verlagsangaben** mit Erscheinungsort, Erscheinungszeit, Auflage usw.;

+ das **Inhaltsverzeichnis,** das die inhaltlich strukturierte Anordnung (Agenda) des Geschriebenen wiedergibt;

+ **die Einführung und den Schluss** des Buches;

+ **Fußnoten (Zitate),** in denen die verarbeitete Literatur aufgeführt wird;

+ **Abbildungen, Tabellen, Statistiken** usw., die oftmals Zusammenhänge verdeutlichen;

+ **Literaturverzeichnis**, in dem der Autor die verarbeiteten Literaturstellen aufführt.

Diese Vorgehensweise bringt Ihnen als Studierende Zeitvorteile gegenüber dem „Seite-für-Seite-Lesen, darüber hinaus selektieren Sie schon sehr frühzeitig nach Sprachgebrauch und Verständlichkeit des geschriebenen Wortes.

+ Schritt 2: Fragen stellen

Stellen Sie sich in dieser Phase erste Fragen zum Buchtitel und bestimmten Kapitelüberschriften. Durch das frühzeitige Fragenstellen wird aus dem passiven Leseverhalten eine aktive Lesehaltung. Ferner wird die Motivation geweckt, Antworten auf die Fragen zu finden. Folgende Fragen könnten dabei Hilfestellungen bieten:

• Was steckt hinter den Kapitelüberschriften?

• Welche Vorkenntnisse habe ich bereits dazu?

- Sind Übungen oder Fälle vorhanden, um das Gelesene anwenden zu können?
- In welcher Beziehung steht der Text zu meiner Fragestellung?
- Welche auch weiterführende Literatur wird genannt?

Die Antworten auf diese Fragen sollen auch dazu führen, ein Buch als relevant oder nicht relevant einzuordnen. Ein solches Urteil wird Ihnen gerade am Anfang, in den ersten Semestern nicht immer leichtfallen, dies erfordert eine gewisse Übung mit dem Fachbuchumgang. Aber derartige Entscheidungen zählen auch zum Alltag eines angehenden Wissenschaftlers.

+ Schritt 3: Lesen

Führt Sie das kursorische Lesen zu einer positiven Bewertung der Literatur, folgt nun das eigentliche Lesen, die kritische Durcharbeitung des Buches/ Textes bzw. wichtiger Kapitel des Buches, das studierende Lesen. Ziel dieses eigentlichen Lesens ist es, auf die eingangserstellten Fragen komplette Antworten zu finden. Konzentrieren Sie Ihre volle Aufmerksamkeit auf z. B. diese Punkte:

- + Gedankengänge/Überlegungen des Autors nachvollziehen
- + Kritisches Lesen, Gelesenes auch in Frage stellen
- + Prospektives Lesen, vorausdenken/vorausschauen
- + Fremdwörter/Fachtermini definieren, nicht überlesen
- + Auf Hauptaussagen einzelner Kapitel/Abschnitte schauen. Diese stecken oftmals in Ausdrücken wie „Vorrangig ist zu nennen…", „Zusammenfassend lässt sich sagen …"

Diese Form des **„durcharbeitenden Lesens"** wird auch als verweilendes bzw. statuarisches Lesen (feststehendes, ruhiges Lesen) bezeichnet. Ziel ist es jetzt, die Stoffinhalte nicht zu überfliegen (kursorisch), sondern gründlich und systematisch zu erarbeiten, d. h. auch Unverstandenes nicht einfach so hinzunehmen und zu überlesen, in der Hoffnung, dass zu einem späteren Zeitpunkt irgendwann die Erleuchtung, der Bedeutungsgehalt, kommt.

Zwingen Sie sich dazu, bei wichtigen Begriffen und Textzusammenhängen zu verweilen, Definitionen eventuell mehrmals und sogar laut zu lesen, um über das sich selbst hören, einen Deutungs- und Behaltenseffekt zu erzielen. Scheuen Sie sich nicht und klären Definitionen nochmals in einem Fachlexikon oder online, z. B. in Google Scholar ab. Jeder Abschnitt, jeder Unterabschnitt, jeder Fachterminus wird gründlich durchdacht, langsam und bedächtig behandelt.

Für verständnisvolles Lesen von großer Bedeutung sind Lesepausen, die zum Nachdenken und der Verarbeitung des Gelesenen dienen. Dabei darf das Auge ausruhen, aber das Denken geht weiter. Zwingen Sie sich ferner dazu, Abbildungen, Tabellen, Graphiken etc. nicht zu überlesen bzw. gar zu überschlagen, um gerade bei umfangreichen Büchern wieder einen Seitengewinn zu erzielen. Insbesondere Abbildungen und Tabellen, die zum Abschluss eines Kapitels aufgeführt sind, visualisieren meist das vorher beschriebene in übersichtlich bildhafter Form und zeigen Gesamtzusammenhänge kapitelbezogen oder -übergreifend auf. *Albert Einstein* meint auch zum Thema Literatur: *„Klug ist jemand, der Schweres einfach sagt."*

+ Schritt 4: Rekapitulieren/Wiedergeben

Das Rekapitulieren des Gelesenen bezieht sich auf das bewusste Aufnehmen der Inhalte, das wiedergeben können und deren Verankerung im Gedächtnis. Rekapitulieren Sie das Gelesene, indem Sie es sich in den Lesepausen oder bereits zum Ende jeden Abschnitts in Erinnerung rufen, evtl. auch mündlich wiederholen oder in Stichworten Schlüsselaussagen notieren.

Das schriftliche und mündliche Nachvollziehen der durchgearbeiteten Inhalte hat den Vorteil, das Verständnis für das Gelesene in eigenen Worten überprüfen zu können.

Gerade dann, wenn Sie bei neuen fachwissenschaftlichen Inhalten noch Formulierungs- und Interpretationsschwierigkeiten haben, werden Sie durch die systematische Anwendung dieser Schrittfolge gezwungen, Gedankengänge Anderer nachvollziehen und formulieren zu müssen. Denken Sie immer daran, Studieren hat auch stark damit zu tun, sich kritisch mit den Meinungen anderer auseinanderzusetzen.

+ Schritt 5: Repetieren/Wiederholen/Rückblick

Nehmen Sie das Gelesene bewusst und konzentriert auf und verankern Sie es über häufigeres Wiederholen im Gedächtnis. Denken Sie auch daran, die „Wiederholung ist die Mutter der Studien" (repetitio est mater studiorum). Das Begreifen, Behalten und das sich Erinnern und selbständige Wiedergeben (in Klausuren) auch komplizierter Sachverhalte stellen wichtige Wesenszüge des Studierens dar.

Der Studien- und Lernerfolg ist nur gewährleistet, wenn die Stoffinhalte verstanden wurden und ihre Wiedergabe und Anwendung gewährleistet ist. So formuliert es auch Carl Hilty, ein schweizerischer Staatsrechtler und Theologe:

„Die Bildung kommt nicht vom Lesen, sondern vom Nachdenken über das Gelesene."

Diese Vorgehensweise hat noch einen motivationalen Aspekt. Der ständige Wechsel zwischen Fragen stellen, Lesen, Rekapitulieren und Wiederholung verhindert starres Lesen, hält das Interesse wach und wirkt frühzeitiger Ermüdung entgegen. Für das studierende Lesen besonders wichtig sind die Schritte Lesen, Rekapitulieren und Wiederholen, da diese in besonderem

Maße zum Verstehens- und Behaltensprozess beitragen. Im Laufe des Studiums werden Sie Ihre Lesefähigkeit weiterentwickeln. Dabei werden Sie feststellen, dass ein identischer Text unter verschiedensten Gesichtspunkten gelesen werden kann. Dementsprechend unterschiedlich kann auch die Bewertung der Nützlichkeit oder die textliche Zusammenfassung ausfallen.

7.3.1.3.2 Markieren und Exzerpte erstellen

Gewöhnen Sie sich frühzeitig daran, wichtige Literatur nicht nur zu lesen, sondern auch nachzuarbeiten bzw. erneut durchzuarbeiten. Daher ist es von Nutzen, dass Sie sich beim Lesen Erleichterungen und Merkhilfen schaffen, indem Sie wichtige Textstellen hervorheben (**Markieren**) und Textauszüge (**Exzerpte**) anfertigen. So stellen Sie neben dem Verstehen des Textes eine zusätzliche effiziente Verarbeitung der Inhalte sicher und bieten erhebliche Erleichterungen für den Leseschritt „Wiederholung/Rückblick" auch dergestalt, dass Sie jetzt nur noch die markierten Teile lesen, die für das Textverständnis wichtig sind und somit zu einer Steigerung des Lesetempos kommen. Aber bitte: Farbliche Markierungen nicht in den Büchern der Bibliotheken vornehmen, denn diese stehen allen Studierenden zur Verfügung und Markierungen sind meist Wahrnehmungen für das Verständnis des Textabschnittes für den Einzelnen und diese Wahrnehmungen können auch von Studierendem zu Studierendem unterschiedlich sein.

 Nutzen Sie beim Durcharbeiten Ihrer eigenen Literatur wichtige, das Lesen unterstützende Instrumente und Methoden, so z. B. auch das **Setzen von Leitworten und Merkzeichen**. Dies kann entweder ein Stichwort aus dem Text des Verfassers sein oder aber ein eigens gewählter Begriff (Schlagwort), der den Inhalt knapp wiedergibt. Derartige Leitworte können am linken oder rechten Seitenrand handschriftlich angebracht werden. Zwischenzeitlich finden Sie die sog. Marginalien bereits in einer Vielzahl von Fachbüchern und dann auch noch farblich, fürs Auge, gestaltet, was das Behalten erleichtert und beflügelt. Diese Leitwortsetzung am Rande bietet Ihnen auch die Möglichkeit, sich bei mehrmaligem Nacharbeiten der Inhalte (Wiederholung/Rückblick) nur noch anhand der Schlag- bzw. Leitworte vorzuarbeiten und zu überprüfen, was auf der Basis dieser Kennzeichnung an Inhaltlichem aus dem Gedächtnis abgerufen werden kann.

Um wichtige Textstellen besonders hervorzuheben, den Inhalt überschaubar zu machen und Hauptargumente und -gedanken des jeweiligen Abschnittes zu kennzeichnen, sind Markierungen wie Unterstreichungen und Merkzeichen am Rande unerlässlich. Das Differenzieren der Unterstreichungen und Merkzeichen durch Form und Farbe lässt den unterschiedlichen Wert einzelner Stellen erkennen. Wir unterstreichen, um uns die Inhalte besser einzuprägen, um beim späteren Wiederholung und Lesen die Kerngedanken wieder vor Augen zu haben und so den Zusammenhang schneller und besser zu erfassen. Daher muss das Unterstreichen, das Markieren, überlegt, rationell und vor allem systematisch vorgenommen werden. Dabei soll der „rote Faden" des Buches zutage treten, das sachlich Wichtige auffallen. Dazu ist es wichtig, nicht mehr unterstreichen, als wirklich nötig ist, denn ein Zuviel verkehrt die gute Absicht ins Gegenteil. So ist es sinnvoll, nicht während des Lesens, sondern im Anschluss an das Durcharbeiten eines Abschnittes, im Rückblick, zu markieren.

Wir unterstreichen/markieren

- was wir uns für das Studium einprägen müssen, was neu ist, nicht, was wir schon wissen;
- was wir beim Wiederholen mit einem Blick erfassen wollen;
- dabei nutzen wir verschiedene Farben, die zur Übersicht und auch zur Wertung der Inhalte beitragen sollen, z. B. rot (einzuprägende Kernpunkte), blau (logische Gedankenfolge);
- um Prioritäten zu setzen, wichtige Textstellen werden hervorgehoben/betont, unwichtige in den Hintergrund gestellt;
- um einen Text zu strukturieren;
- um wichtige Textstellen für eigene Hausarbeiten wiederzufinden;
- um durch visuelle Hervorhebung insbesondere das Lernen und Behalten zu fördern.

Merkzeichen ergänzen das Unterstreichen. Sie sind individuell erdachte Zeichen, ein persönlich entwickeltes System, das nach Belieben variiert, aber immer in der gleichen Bedeutung gebraucht werden soll.

Hierzu einige Beispiele für Randmarkierungen:

Wellenlinie am Rand = Hinweise auf gute Formulierung (Zitierfähig bei Hausarbeit)
Fragezeichen am Rand = Unverstanden, Klärung notwendig
Ausrufezeichen am Rand = Nicht vergessen! Definition!

Ebenso können Buchstaben Arbeits- und Wichtigkeitshinweise geben, wie z. B. D = Definition, W = Wiederholung, Z = Zusammenfassung, B = wichtiges Beispiel, U = Unklarheit, KR = Klausurrelevant, ZF = Zitierfähig.

Fachgebundene Kennzeichnungen können Sie sich selbst bilden, gehen Sie allerdings auch damit sparsam um. Erst wenn wichtige Textstellen Ihres Buches bzw. Ihres Zeitschriftenbeitrags unterstrichen, mit Notizen und Randbemerkungen versehen sind, erweist sich dieses Schriftstück als für Sie besonders wertvoll. Ein so durchgearbeitetes Werk kann, wenn Sie es nach Ihrer Bearbeitung an einen Kommilitonen/in ausleihen, dort aus Unkenntnis der individuellen Merkzeichen nur Verwirrung stiften.

Auch das **Exzerpieren, das Herauspflücken von Inhalten, stellt** eine weitere wichtige Ergänzung der Lesemethodik wissenschaftlicher Literatur dar. Ein Exzerpt ist die auszugsweise Wiedergabe eines Buch- oder Zeitschriftentextes, also ein Textauszug. Diese „Auszüge" haben den Vorteil, dass Sie über ein Wissen verfügen bzw. in Ihren eigenen Worten vorliegen haben, das aus der Literatur stammt, die Sie eventuell schon wieder in der Bibliothek (Fachbereichsbibliothek, Fernausleihe, Deutsche Nationalbibliothek) abgegeben haben. Was Sie beim „Mitschreibenkönnen" in Vorlesungen bereits gelernt haben, hilft jetzt, wenn Sie aus der Literatur die für Sie wichtigen Stellen „herausziehen" wollen.

Reflektieren Sie die nachfolgenden Worte von Johann Gottfried von Herders aus seinem Buch „Schulreden" aus dem Jahr 1769, zu lern- und studienrelevanten, pädagogischen Gedanken:

> „Zum guten Lesen und Auswendiglernen gehört notwendig **eigne Komposition**, so eingeschränkt diese auch sein möge. Man muss sich **im Schreiben üben**, wenn man richtig sprechen, wenn man genau lesen und hören will. Also kleine Aufsätze von allerlei Art, **Auszüge aus Büchern**, teils stellenweise, teils nach dem ganzen Plan des Buches und seiner Anordnung, dies sind die Zellen, die sich die fleißige Biene bauet, die Körbe, in denen sie ihren Honig bereitet. Kein Tag darf vorüber gehen, wo nicht ein junger Mensch für sich selbst etwas schreibt, er hole nun nach, was er vergessen könnte, oder setze sich sein Zweifel auf, oder berichtige dieselben, oder **exzerpiere,** oder kombiniere, in welcher Übung es auch sei. Der Griffel, das ist bei uns die Schreibfeder, schärft den Verstand, sie berichtigt die Sprache, sie entwickelt Ideen, sie macht die Seele auf eine wunderbare angenehme Weise tätig."[34]

Exzerpte können wörtliche oder sinngemäße Textauszüge sein. Sie machen in kurzer Form die Gedanken des jeweiligen Fachautors verfügbar. Halten Sie sich bei wörtlichen Zitaten an die Zitierregeln, z.B. Autor, Erscheinungsjahr, Erscheinungsort, Seitenangabe, falls Sie Ihr Exzerpt für die Erstellung einer Hausarbeit oder Ihrer Bachelorarbeit nutzen.

Bei sinngemäßen Exzerpten wird in eigenen Worten das Geschriebene des Autors wiedergegeben. Diese Form des Exzerptes ist aus lernpsychologischer Sicht nicht nur wichtig, da sie Gelesenes schriftlich in kurzer Form wiedergeben, sondern auch das Schreiben in eigenen Worten zum Verständnis des Textes beiträgt.

Exzerpieren erfordert große Sorgfalt und sollte sich nur auf das Wesentlichste des Inhaltes beschränken. Umfangreiche Textauszüge führen ledig-

---

[34] Herder, von J.G. und Reble, A.: Schulreden, Bad Heilbrunn 1962, S. 18.

lich zu monotonem Abschreiben. Mit Ausnahme von Definitionen, zentralen Begriffen und Thesen ist es bei der Anfertigung eines Textauszuges wichtig, eigene Formulierungen zu gebrauchen.

Dies hat folgende Vorteile:

- Es zeigt sich, ob ein Text wirklich verstanden wurde, denn Sie lernen das Wesentliche zu erkennen und es von weniger Wichtigem zu trennen.

- Der Leser wirkt im Lernprozess aktiv, indem er das Gelesene vor der Niederschrift reflektiert und in eigenen Worten wiedergibt.

- Es zwingt zu kurzen und klaren Aussagen.

- Die Zusammenfassung von Kernaussagen eines z. B. mehrseitigen Zeitschriftenbeitrages auf einer Seite erleichtert das spätere Wiederholen, prägt sich durch das Mitschreiben besser ein und verschafft somit auch Zeitgewinn. Ferner verbessern Sie Ihre fachsprachliche Ausdrucksweise durch sinngemäßes knappes und klares Formulieren.

- Langatmig beschriebene Sachverhalte lassen sich unter Zuhilfenahme von Tabellen und Abbildungen, durch z. B. Mindmapping (Gelesenes in Form von Schlagwörtern oder Bildern aufzeichnen, sammeln, ordnen und gliedern), methodisch und visuell so gestalten, dass der Gesamtzusammenhang verständlicher dargestellt werden kann. Ferner wird durch Visualisierung das Behalten im Gedächtnis gefördert.

Die Erstellung qualifizierter Exzerpte werden Sie kaum im ersten Anlauf und schon zu Studienbeginn schaffen. Er gehört hier sehr viel Übung dazu. So werden Sie anfangs noch viel zu sehr mit der geistigen Verarbeitung der Inhalte beschäftigt sein. Ferner fehlt Ihnen oftmals noch der Überblick über das gelesene Kapitel oder Buch und Sie können noch nicht so gut unterscheiden, was wichtig und weniger wichtig ist. Machen Sie hierzu auch öfters einen Abgleich mit den Kommilitonen/innen Ihrer Lerngruppe.

Wichtig ist, führen Sie die Erstellung von Textauszügen konsequent durch, auch wenn im Anfangsstadium des Studiums noch Einiges lückenhaft sein sollte. Sie werden sehen, je länger, konsequenter und gründlicher Sie derartige Textauszüge erstellen und sammeln, umso mehr schließen sich anfängliche Lücken; mit System durchgeführt lassen sich gewünschte Zusammenhänge schnell erkennen.

Dieses erarbeitende Lesen unterstützt durch Markieren und Exzerpieren der Literatur wird einerseits für das Klausuren-Lernen, andererseits für die Erstellung einer Hausarbeit, einer Präsentation, der späteren Bachelor- oder Master- bzw. Magisterarbeit und gar einer Dissertation sehr wichtig. Gerade die Fülle der zu verarbeitenden Literatur während Ihres Studiums macht eine derartige Vorgehensweise unumgänglich. Bedeutende Schriftsteller vor Ihnen haben mit großem Eifer Lesematerial gesichtet, wichtiges „herausgepflückt", zusammengetragen und ausgewertet.

So wissen wir von *Goethe*, dass dieser Jahre und Jahrzehnte hindurch Material für die Erstellung seiner eigenen zukünftigen Werke und Schriften gesammelt hat. *Karl Marx* wird nachgesagt, dass er rund vierundzwanzig Jahre benötigte, um sein Werk „Das Kapital" zu erstellen, wofür er über 1500 Bücher durcharbeitete und hunderte von Seiten an Exzerpten erstellte. Der deutsche Schriftsteller *Jeau Paul* formulierte dies im 18. Jahrhundert wie folgt:

> *„Um meine Lebensgeschichte zu haben, brauch ich bloß die Bände*
> *der Exzerpte vor mir aufzuschlagen: an jedem extrahierten Buche hängt*
> *ein glimmendes Stück meiner Geschichte."*

Lernen wir von unseren Klassikern und halten uns abschließend nochmals vor Augen, warum diese Arbeits- und Lerntechnik so effizient ist.

Merke Das Exzerpt ist ein methodisches Werkzeug zur Einordnung, Bearbeitung und auch Archivierung erworbenen Wissens. Gelesenes kognitiv zu verarbeiten heißt dabei, dies in eigenen Worten wiedergeben zu können und wesentliche Kerngedanken erkannt zu haben. Um den Überblick zu bewahren, sollten Ihre Exzerpte einheitlich dargestellt werden (vgl. Mitschreibebogen). Eine Kopfzeile mit der Angabe des Datums, dem Autor, Titel des Buches, der Grobgliederung usw. sind Grundbedingung. Um ein Exzerpt für eine wissenschaftliche Arbeit wie eine Hausarbeit zu verwenden, werden wichtige Literaturverweise, Grundaussagen, Argumente und Ideen des Gelesenen festgehalten. Mit Exzerpten können Sie sich auf Klausuren vorbereiten, gerade für die Lernarbeit sind diese zu empfehlen. Ein gutes Exzerpt ist somit eine Mischung aus reiner Inhaltsangabe und einer strukturierten Wiedergabe des Gelesenen[35]. Exzerpte können mit Stift und Papier oder am Computer erstellt werden. Sie bestimmen die Darstellungsform, auch eine Mindmap ist möglich.

Halten Sie sich beim Exzerpieren an die Anregungen von *Joseph Pulitzer*: *„Was immer Du schreibst – schreibe kurz, und Sie werden es lesen, schreibe klar und Sie werden es verstehen, schreibe bildhaft, und Sie werden es im Gedächtnis behalten."*

---

[35] Vgl. hierzu: Esselborn-Krumbiegel, H.: Von der Idee zum Text, eine Anleitung zum wissenschaftlichen Schreiben, Paderborn 2008; Frank, A. u. a.: Schlüsselkompetenzen – Schreiben in Studium und Beruf, Stuttgart 2007.

Der Philosoph Prof. Dr. J.G. *Kiesewetter* schrieb im Jahre 1811[36] eine kurze Anweisung in neun Punkten zum studierenden Lesen, die zwar antiquiert klingen, aber auch heute noch von unschätzbarem Wert für die Beschäftigung mit der Literatur ist.

1. „Man wähle zur Lesung eines Werkes die **schickliche Zeit.**

2. Man sammle sich, ehe man zu lesen anfängt und hüte sich während desselben vor Zerstreuung. Um gewiss zu sein, dass man mit Aufmerksamkeit liest, unterbreche man sich zuweilen und frage sich, was man gelesen.

3. Man **lese mit einem Bleistift** in der Hand und wenn uns das Buch selbst gehört, streiche man die Stellen an, welche merkwürdig scheinen, entweder weil sie etwas Neues enthalten, oder weil wir wichtige Folgerungen aus ihnen ableiten zu können vermuten, oder weil durch sie auf andere Gegenstände ein helleres Licht geworfen wird, oder weil Sie uns unrichtig erscheinen, oder weil wir über sie noch besonders nachdenken wollen, indem sie uns noch nicht hinlänglich klar und deutlich sind, oder weil sie uns vorzüglich gefallen. Sollte das Buch uns aber nicht gehören, so bemerke man die Seitenzahl, wo eine solche Stelle sind findet, auch einem zur Hand habenden Zettel.

4. **Man unterhalte sich mit Freunden** über das Gelesene.

5. Man beharre nicht dabei, ein Buch zu Ende zu lesen, sobald man inne wird, dass das darin Gesagte von keinem erheblichen Nutzen sein könne.

6. Man glaube nicht, dass eine einmalige Lectüre von Hauptwerken einer Wissenschaft, welche mühsameres Studium erfordert, hinreichend sei, sondern lese diese Werke in **größeren Zwischenräumen mehreremal.**

7. Man **unterbreche** wo möglich seine Lectüre nicht mitten im Zusammenhang eines Abschnittes.

8. Man sage sich **laut nach geendigtem kleinen Abschnitt des Inhalts** desselben ganz kurz und thue eben dies nach jedem geendigten Hauptabschnitt und nach Beendigung der Lektüre des ganzen Buches.

9. Man schreibe sich den Hauptinhalt des **Werkes kurz nieder** und füge sein Urteil dazu."

Vieles von dem, was schon vor über 200 Jahren für das Studieren Gültigkeit hat, finden Sie hier kurz und prägnant zusammengefasst, über das wir auch auf den letzten Seiten schon gesprochen haben, so z. B. in Schlagwortform: Zeitmanagement, Aufmerksamkeit für das studierende Lesen, Gelesenes reflektieren, mit Stift lesen (markieren) und exzerpieren, Diskussion in Lerngruppe, gelesenes Wiederholen und abschnittweise laut aufsagen.

---

[36] Kiesewetter, J.G.: Lehrbuch der Hodegetik oder kurze Anweisung zum Studieren, Berlin 1811.

7.3.2 Anregungen zum wissenschaftlichen Lesen (für Schnellleser)

Lesegewohnheiten und Lesehilfen bestimmen die Leseleistung, die Aufnahmebereitschaft und die Motivation zum Lesen. Zusammenfassend einige Leseregeln:

- **Lesen Sie aktiv** d. h. stellen Sie dem Autor Fragen und achten auf die Antworten, die im Text stehen. Setzen Sie auch ein Markierungssystem ein und erstellen Sie frühzeitig Exzerpte.

- Benutzen Sie beim Lesen **wechselnde Techniken**. Variieren Sie in der Lesegeschwindigkeit, und verfallen Sie nicht in starres Lesen. Passen Sie Ihr Lesetempo dem Schwierigkeitsgrad des Textes an, dies setzt voraus, dass Sie mal langsamer mal schneller lesen. Langsames Lesen garantiert allerdings nicht, dass Sie den Text besser verstehen. Wichtig ist, dass Sie den Sinn einer Textstelle verstehen, der Rest ist Denken.

- Verfallen Sie nicht vor Klausuren in das **„Lesen müssen",** indem Sie 2 Wochen vor der Klausur Seitenvorgaben pro Tag definieren oder Stunden festlegen. Wichtig ist, dass Sie den Lesestoff frühzeitig vor den Klausuren sinnvoll portionieren und gerade im 1. Semester mit kurzen Zeitvorgaben beginnen (jeden Tag 20 Minuten). „Lesen müssen" aufgrund der wenigen Tage bis zur Klausur, z. B. jeden Tag 3 Stunden oder 80 Seiten sollten Sie auf keinen Fall erzwingen.

- **Überlesen Sie nichts**, d. h. jede Fachwissenschaft bedient sich eines eigenen Sprachgebrauches und einer Vielzahl von Fachtermini, deren Bedeutung Sie nicht oder nicht genau kennen. Sie haben dann nur die Wahl, den Textabschnitt zu Ende zu lesen, in der Hoffnung, dass sich aus dem weiteren Text die Bedeutung ableiten lässt oder aber Sie schlagen die Bedeutung dieses Begriffes in einem Fachlexikon oder online nach. Dies ist wichtig, um der Regression bzw. dem Zurückspringen zu entgehen, denn Ihr Blick geht unbewusst zu dem Wort zurück, dessen Bedeutungsgehalt Sie noch nicht kennen. Dieses „visuelle Zurückspringen" ist eine Art „visueller Tic", ein unbewusster Vorgang. Lernen Sie daher schon frühzeitig bewusst zu lesen, denn gerade zum Beginn des Lesens von fachwissenschaftlichen Beiträgen steht Verstehen vor Schnelligkeit, auch wenn der Lesefortschritt, z. B. 15 Seiten in einer Stunde, noch sehr gering ist. Lösen Sie also auftretende Wortschatzprobleme, indem Sie deren Bedeutung umgehend suchen.

- **Lesen Sie konzentriert**, lassen Sie sich nicht ablenken und achten Sie auch darauf, dass Ihre Gedanken nicht plötzlich sparzieren gehen. Schützen Sie sich gegen äußere Störungen, z. B. ständig steht jemand vor Ihrer Tür, denn diese Unterbrechungen haben erheblichen Einfluss auf die Konzentrationsfähigkeit. Konzentriertes Lesen heißt, alle Gedanken auf die zu lesenden Inhalte fokussieren und gründlich zu lesen.

- Lesen Sie ruhig zu Anfang unhörbar durch Lippenbewegungen (Subvokalisierung) oder bestimmte Textpassagen sogar laut, denn gerade zum Einstieg in eine Fachwissenschaft kann oftmals über das **„Sich-selbst-hören"** die Erkenntnis bzw. das Verständnis für das Geschriebene gewonnen werden. Natürlich hemmen diese Subvokalisierung und das „Lautlesen" die Lesegeschwindigkeit, aber gerade zu Beginn Ihres Studiums geht Verstehen vor Schnelligkeit.

- Scheuen Sie nicht, zum Einstieg in ein neues Fachgebiet – wie damals in der ersten Klasse der Grundschule- das **Mitzeigen** mit dem Finger oder das **Anlegen eines Lineals.** Leider ist es auch heute noch so, dass viele Lehrbücher nicht nur sehr umfangreich, sondern auch sehr eng geschrieben und textlastig sind. Zwar lässt auch diese Einstiegslesehilfe Ihr Lesen von Fachtexten langsamer werden, aber sie stellt eingangs eine hervorragende Methode dar, Konzentration und Aufmerksamkeit aufrecht zu erhalten.

- Wie bei jeder Tätigkeit, so ist auch die **Motivation für das verstehende Lesen** sehr wichtig. Lesen Sie dosiert, d. h. nehmen Sie sich nicht vor, täglich 60 Seiten oder drei Stunden zu lesen (häufiges Lernverhalten vor Klausuren und Prüfungen), denn bereits nach kurzer Lesephase schweift Ihr Blick ständig auf die Uhr oder die Seitenzahl ab und gedanklich unbewusst versuchen Sie dann sehr häufig, bereits Hochrechnungen zu machen (noch 52 Seiten oder noch 2 Stunden 30 Minuten). Denken Sie daran, dass durch diese einseitige Belastung des intensiven Lesens die Augen schnell ermüden, dies gilt übrigens auch verstärkt für das Lesen elektronischer Texte über den Bildschirm. Legen Sie kurze Leseetappen ein und auch kleine Lesepausen und überprüfen Sie ständig (auch abschnitt-/kapitelweise), ob eine geistige Verarbeitung des Gelesenen stattgefunden hat, indem Sie z. B. die Augen schließen, dann das gedanklich rekapitulieren, was vorher gelesen wurde. Bleibt im Zeitablauf immer weniger gedanklich haften, ist höchste Zeit für eine Erholungsphase.

- Treffen Sie eine **gezielte Auswahl** dessen, was Sie lesen, denn häufig ist es nicht erforderlich, alle Texte oder ein ganzes Buch zu lesen. Von Professoren/innen zu einzelnen Vorlesungen ausgehändigte Literaturlisten dienen auch häufig dazu, ein Buch anzulesen und zu prüfen, ob es Ihrem Sprachverständnis entspricht und danach auszusuchen. Lernen Sie auch, gerade bei besonders umfangreichen Werken, Kapitel, die derzeit vom Vorlesungsplan her nicht relevant sind, zu übergehen und setzen Sie sich verstärkt mit den Inhalten auseinander, die für die Ergänzung Ihrer derzeitigen Lehrveranstaltung wesentlich scheinen.

- Lassen Sie **Abbildungen, Tabellen und Schaubilder,** die im laufenden Text oder zum Abschluss eines Kapitels dargeboten werden, nicht aus. Sie sparen dadurch keine Zeit und schaffen auch nicht mehr Seiten innerhalb einer bestimmten Zeit. Sie riskieren eher eine Verständnislücke, denn Abbildungen verfolgen didaktisch (inhaltlich) den Zweck, bestimmte Tatbestände zu erhellen, das Essentielle eines Leseinhaltes (Kapitel) nochmals vergleichend zu präsentieren oder Querverbindungen und Zusammenhänge kapitelübergreifender Art visualisiert darzustellen. Abbildungen und Schaubilder zeigen oftmals sehr viel strukturierter und deutlicher das auf, was im Text umständlich bzw. schwierig beschrieben wurde.

- Berücksichtigen Sie sowohl beim Zuhören und Mitschreiben also auch beim Lesen gedankliche **Wegweiser** des Vortragenden oder des Autors wie Überschriften, Unterstreichungen, Fettgedrucktes usw. Achten Sie auch auf Wegweiser, die Einleitungen, Verstärkungen, Betonungen oder besondere Wichtigkeitshinweise im laufenden Lesetext signalisieren wie z. B.

  + Wortsignale wie besonders, folglich, daher, usw., die einen tragenden oder erläuternden Gedanken einleiten (**Einleitungssignale**);

  + Wortsignale wie auch, außerdem, zusätzlich usw. die einen kurz zuvor ausgedrückten Gedanken betonen/verstärken/hervorheben (**Verstärkungssignale**);

  + Wortsignale wie andererseits, vielmehr, aber etc. zeigen einen textlichen Richtungswechsel der Gedankenfolge an (**Änderungssignale**).

- Das Gelesene bleibt im Gedächtnis stärker haften als das Gehörte. **Markieren und Exzerpte** erstellen sowie Anmerkungen am Rand notieren, machen sich hier bezahlt, da Sie dabei sowohl visuell als auch motorisch eingespannt sind. Wir unterstreichen bzw. markieren mit Farbe (Textmarker) was wir uns einprägen müssen, was neu ist – jedoch nicht, was wir schon wissen und was wir bei einer Wiederholung der Inhalte mit einem Blick erfassen wollen.

- Bei fachwissenschaftlicher Literatur ist es mit dem einmaligen Lesen meist nicht getan. Soll das **Gelesene haften bleiben** (Gedächtnis), muss auch Verstandenes immer wieder neu durchgearbeitet und durchdacht werden, aber nicht mechanisch. Das erneute studierende Lesen muss immer wieder mit neu geweckten Motiven, neuer Interessiertheit/Interesse und neuer Lerneinstellung verbunden sein. Auf diese Art sind gerade Textauszüge, Zusammenfassungen und in Schaubildern dargestellte Inhalte (Mindmap) sowohl handschriftlich als auch durch diesbezügliche DV-Programme inhaltlich immer wieder etwas Neues. Denken Sie bei diesem Leseprozess auch an die letzten drei Stufen des SQ3R-Modells, lesen-rekapitulieren-repetieren und nochmals lesen-rekapitulieren-repetieren, bis das Gelesene verstanden und verarbeitet wurde.

Fragen Sie sich jeweils am Ende eines Leseabschnitts: Was ist das inhaltlich Wesentliche? Habe ich das Gelesene verstanden und kann ich es mir so merken? Diese **retrospektive Betrachtung** kann dazu dienen, ein Fazit aus der Lesearbeit zu ziehen. Haben Sie alles verstanden, dann kann eine prospektive Betrachtung dazu verhelfen, uns gedanklich weiterzuentwickeln. Der französische Mönch *Bernhard von Clairvaux* aus dem 12. Jahrhundert formuliert dies so:

„Lesen ohne Nachdenken macht stumpf; Nachdenken ohne lesen geht irre."

Selbststudium, ein wichtiges methodisch/ didaktisches Element im Studium

8.1 Definition und Funktionen

Durch die Umstellung vieler Studiengänge in Bachelor- und Masterstudium geht in der Lehre an den Hochschulen ein Paradigmenwechsel einher, vom **„Lehrkonzept zum Lernkonzept"**. War bisher die Studienorganisation stark bezugspersonenorientiert (Dozentenorientierung, auf der Grundlage von Lehrzeiten/Vorlesungen der Professoren/innen in Semesterwochenstunden), steht jetzt in den Bologna-Studiengängen die Lernzeit bzw. die Selbststudienzeit der Studierenden mit im Focus der curricularen Betrachtung. Dabei werden gerade in den Bachelorstudiengängen die Lehrinhalte in Präsenzveranstaltungen (Vorlesungen) und angeleitetem **Selbststudium** mit Betreuungsleistungen vermittelt.

Lernkonzept Bachelor: Vorlesungen (Präsenzstudium)
   + Selbststudium/Lernzeit (Workload)

Hinzu kommt – als Teil des Selbststudiums- die auch bisher zu praktizierende Vor- und Nachbereitung von Lehrveranstaltungen. In den Modulbeschreibungen der einzelnen Studiengänge sind neben den Präsenzveranstaltungen auch die Zeitanteile für das Selbststudium und die Formen des Selbststudiums (z. B. Fallbearbeitung, Arbeitsaufträge, Lernmaterial) ausgewiesen. Auf dieser Grundlage von Zeiten für die Lehre der Professoren/innen in Semesterwochenstunden (z. B. 4 SWS = 2x90 Minuten), steht nun die teils individuelle Lernzeit bzw. Selbststudienzeit ebenfalls im Vordergrund der Methodik und Didaktik eines Studienganges. Somit wird, wie bereits aufgezeigt, der Stellenwert eines Studienfaches (z. B. Psychologie) auf der Basis des für einen typischen Studierenden erforderlichen Lern- bzw. Studienaufwandes errechnet. Es gibt zwar immer noch Präsenzzeiten durch Lehrveranstaltungen (class contact hours), die verstärkt zur Erläuterung, Vertiefung und Diskussion von Inhalten genutzt werden, darüber hinaus gewinnt in diesem ECTS-Kreditpunktesystem die Vor- und Nachbereitung von Lehrveranstaltungen, das Literaturstudium, das Erstellen von Hausarbeiten, Präsentationen und die Prüfungsvorbereitung, also das Selbststudium, eine größere Bedeutung. In diesem Sinne ist das Selbststudium wichtiger didaktisch-methodischer Bestandteil jedes Bachelor- und Masterstudienganges und jeder Studienform, sei es Vollzeit- oder Teilzeitstudium.

„Selbst studieren", „selbständiges Lernen" heißt nicht einfach individuelles Lesen bzw. Lernen, Lernen als Autodidakt. Es beruht auch nicht nur allein auf dem selbständigen Erwerb von Lehrinhalten, z. B. aus Büchern und Zeitschriften. Unzulänglich ist es auch, unter Selbststudium nur einseitig bestimmte Elemente eines Lehr- und Lernprozesses zu verstehen, so z. B. „Hausaufgaben" oder das Erweitern, Vertiefen und Anwenden von Stoffinhalten (z. B. Fallbeispiele/-studien, Aufgaben), die in Vorlesungen und Seminaren vermittelt wurden. Das Selbststudium müssen Sie als eine Form gezielten, systematischen Lernens/Studierens sehen, unter dem Aspekt der selbständigen Aneignung und Verarbeitung von berufs- und anwendungsbezogenen sowie allgemeinen Kenntnissen, der Entwicklung von Fähigkeiten sowie der kritischen Auseinandersetzung mit Meinungen und der Gewinnung von Überzeugungen mit dem Ziel individueller Persönlichkeitsbildung.

Inhalte werden nicht nur in Vorlesungen und Seminaren durch Anwesenheit vermittelt, mit der Technologie hat sich auch das Lernen verändert und entwickelt. So ist Blended Learning ein Lernkonzept, das an vielen Hochschulen und Universitäten zwischenzeitlich praktiziert wird. Schon seit längerem gibt es an den Universitäten/Hochschulen verschiedene **E-Learn-Plattformen** und Modelle, die zeitlich und räumlich flexibel Wissensgebiete außerhalb der Vorlesung anbieten. Wichtig ist, dass andere Lernformen nicht abgelöst oder verdrängt werden, sondern ergänzt und sinnvoll miteinander kombiniert praktiziert werden. Bei dieser Lernform, dem **Blended Learning**, werden Online-Kurs und Präsenzveranstaltung und darüber hinaus auch oft noch andere Methoden und Medien, in Kombination genutzt. Die Wissensvermittlung selbst läuft auch beim Blended Learning in Vorlesungen und Seminaren (Optionen) ab, wird aber zusätzlich und begleitend in ganz speziell eingerichteten Online-Plattformen, digitalen Übungen und E-Learning-Seminaren unterstützt und vertieft. Fragen Sie zu Beginn Ihres Studiums nach derartigen Lern- und Studienhilfen an Ihrer Hochschule.

Wie groß das begleitende On-line-Angebot ist, variiert von Fachbereich zu Fachbereich und von Professorin zu Professor. Viele Lehrende, gerade im Bereich Wirtschafts- und Naturwissenschaften, bieten Ihren Studierenden eine breite Palette an Online-Angeboten an. Ferner gibt es immer mehr glühende Verfechter der multimedialen Lehre und des Blendet Learning, die Web-Based-Trainings (WBT) entwerfen, ihre Veranstaltungen streamen und Diskussionen on-line moderieren. Eine besondere Herausforderung für das Selbststudium, das zeit- und ortsungebunden durchgeführt werden kann.

Merke Das selbständige Lernen außerhalb der Präsenzveranstaltungen und auch unter Anwendung der verschiedensten Technologien soll Ihnen als Studierende auch helfen, über das eigene Lernen (z. B. Vorgehensweise, Lernstrategien, Lösungswege) mehr zu erfahren und zu wissen.

Somit bekommt das Selbststudium für Sie einen Sinn[37], wenn Sie

- Ihre eigenen Stärken und Schwächen beim Lernen kennen (z. B. Gruppenlernen oder individuelles Lernen, online- oder Buchlernen) und Sie situations- sowie aufgabengerecht darauf reagieren können;
- Über Ihre eigenen Lernhandlungen nachdenken (Studienerfolge und -misserfolge auf ihre Ursachen untersuchen und daraus Lehren und Anstöße für Ihr weiteres Studieren ziehen.

Ziel des Selbststudiums ist es daher auch, nicht nur Wissen und Können zu gewinnen, sondern insbesondere auch Einsichten in sein eigenes Lernvermögen mit all seinen Stärken und Schwächen. Das selbständige Lernen, größtenteils „auf sich alleine gestelltes" Lernen, ist mehr als das Einüben und Umsetzen von Lernstrategien, es ist eine Lernhaltung für alle Lernwilligen, die es auch mit „lebenslangem Lernen" erst nehmen.

„Schließen Sie Ihr Studium ab, aber nicht das Studieren, das lebenslange Lernen."

In diesem Sinne ist das Selbststudium fester Bestandteil nicht nur aller Studienformen, sondern auch im späteren Berufsalltag jeglicher Weiterbildung.

8.2 Kennzeichen der Selbststudienphase

Das Lernen bzw. Studieren im Hochschulbereich ist also gekennzeichnet durch einen zeitlichen Anteil von Phasen, in denen Sie als Studierende den Lernprozess unabhängig von den Lehrenden, den Professorinnen und Professoren, und der Vorlesungsplanung selbst steuern müssen. Während in der Schule noch eine Vielfalt institutioneller Vorkehrungen zur Kontrolle der Lernprozesse getroffen werden, z. B. Anwesenheitspflicht, Vielzahl von Erfolgskontrollen in Form von Tests, Klassenarbeiten und Fragen im Unterricht, stellt das Lernen im Hochschulbereich höhere Anforderungen an die Autonomie der Studierenden, da die Steuerung des Lernprozesses zu überwiegenden Teilen in die Hand des Studierenden gelegt wird (Keine Anwesenheitspflicht in Vorlesungen, wann lerne ich was). Das „Selber-Studieren" nimmt Ihnen niemand ab.

Somit ist das **Selbststudium** gekennzeichnet durch

- den eigentlichen Prozess des Lernens/Studierens (Erwerb von Wissen, Fähigkeiten und Kenntnissen);
- Besonderheiten der Lernorganisation wie z. B. individuelle Wahl der Lernzeit (morgens, abends, nachts) und des Lernraumes wie Bibliothek,

---

[37] Vgl. Dubs, R.: Selbständiges (eigenständiges oder selbstgeleitetes) Lernen, in: Zeitschrift für Berufs- und Wirtschaftspädagogik, Heft 2/1993, S. 113–117.

Lerngruppe, Arbeitszimmer, das Erkennen des Lernbedarfes (z. B. Fachgebiet), das Planen der Lernschritte und deren Ausführung sowie die Einschätzung des Lern-/Studienfortschritts;

- die Lernkoordination, d. h. Sie als Studierende müssen Ihre Lerntätigkeit mit anderen, den Alltag bestimmenden Tätigkeiten/Verpflichtungen koordinieren (z. B. Familie, Studi-Job, Freunde);

- die Bestimmung der Medien, mit denen Sie im Selbststudium arbeiten wie z. B. Charts der Vorlesung, Bücher, Zeitschriften, Online-Publikationen, E-Learning-Plattform, Mitgeschriebenes, Youtube-Beiträge.

Alle Charakteristika gilt es sinnvoll und effizient aufeinander abzustimmen.

8.3 Anregungen zur sinnvollen Gestaltung des Selbststudiums (für Schnellleser)

Lassen Sie sich durch nachfolgende **Checkliste** für die Gestaltung der Selbststudienphase leiten:

+ Schalten Sie mögliche **Störungen** im Vorfeld des Selbststudiums aus, so z. B. fehlende Literatur, chaotische Mitschriften, fehlende Übungen und Fallstudien;

+ **Vorbereitungsphase:** Sammeln von Zeitschriftenbeiträgen, Buchausleihe, Tabellen, graphische Darstellungen, Handouts, Mitschriften, Internetbeiträge, Zugriff auf Datenbanken usw. mit anschließendem Lerngruppentreffen;

+ **Einstiegsphase:** Starten mit Studienfächern, die „Sie lieben", mit Lieblingsfächern, dadurch erhalten Sie erste Motivation und durch den Ansatz „vom Leichten zum Schweren" schaffen Sie erste Erfolgserlebnisse; danach schwierige Inhalte angehen und erledigen, die hohe Konzentration, Ausdauer und problemlösendes Verhalten abverlangen;

+ **Studierendes Lesen**: gründliches und genaues Lesen der vorliegenden Literatur;

+ **Zusammenfassen:** Gelesenes markieren und exzerpieren (Vertiefung und Ergebnissicherung);

+ **Üben:** Anwendungsorientierung, Aneignung und Verbesserung des Wissens und bestimmter Fertigkeiten, Fach- und Sinnzusammenhänge erkennen;

+ **Transfer:** Erfahrungen, Einsichten, Lösungswege usw. sollten auf andere Situationen und Sachverhalte in anderen Wissensgebieten übertragen werden;

+ **Wiederholen:** Auffrischung von Lerninhalten, markierte Stellen wiederholen, Exzerpte durcharbeiten.

Beziehen Sie Ihr Selbststudium noch stärker in Ihre tägliche Studienplanung sowie in die Methodik und Didaktik Ihres gesamten Studiums ein. Dies kann auch von Seiten der Hochschullehrer durch z. B. die Ausgabe von Fragen zu bestimmten Themengebieten, Fallstudien, Aufgabenstellungen, usw. erfolgen, die Sie zuerst „selbst" und dann in Ihrer Lerngruppe abarbeiten sowie durch gezielte Lesehinweise auf bestimmte Buchkapitel geschehen. Nur so wird das „Selbstlernen" für das Studium und für Sie ein Erfolgsbaustein.

9

Wissenschaft und wissenschaftliches Arbeiten

9.1 Wissenswertes zur Einordnung

Studieren heißt, sich um den Erkenntniswert einer Fachdisziplin, einer Wissenschaftsdisziplin, zu bemühen. Und dieser Aufgabe werden Sie sich jetzt durch Ihr Studium stellen, Sie werden sich nach der Entscheidung für Ihr Fachstudium intensiv mit einer wissenschaftlichen Disziplin auseinandersetzen. Daher ist ein kleiner Exkurs in den Bereich der Wissenschaft und dem damit verbundenen wissenschaftlichen Arbeiten angebracht.

Den Begriff „**Wissenschaft**" zu definieren, ist allerdings nicht gerade einfach, da es keine einheitliche Begriffsklärung gibt.

Eine interessante Definition ist in Meyers Konversationslexikon, im 18. Band von 1897 zu finden: Dabei ist Wissenschaft „zunächst das **Wissen selbst** als Zustand des Wissenden, sodann der Inbegriff dessen, was man weiß; im engeren und eigentlichen Sinne der vollständige Inbegriff gleichartiger, systematisch, also nach durchgreifenden Hauptgedanken, **geordneter Erkenntnisse**. Diese an sich bilden den Stoff, die Materie einer bestimmten Wissenschaft; durch die systematische Form wird er zum wissenschaftlichen Gebäude (Lehrgebäude), welches regelmäßig und den Grenzen der Logik gemäß aufgeführt, **System** heißt. Auf dieser Grundlage wächst die Wissenschaft im strengen Sinn als eine **Erklärung und Zurückführung** der **Lehrsätze** auf ihre tiefen Gründe und Zusammenhänge hervor und gelangt zu gewissen **Prinzipien und Grundsätzen,** aus denen erklärt wird, die sich aber nicht weiter erklären lassen. (…) Der Versuch, das gesamte menschliche Wissen überhaupt nach seinen verschieden Richtungen und Gegenständen als ein **geordnetes System** darzustellen, führt zu dem Begriff einer systematischen Enzyklopädie oder Wissenschaftskunde" (S. 819).

Vergleichend hierzu wird im „Der Brockhaus", Band 19, 1999, Wissenschaft definiert als ein „ **System** des durch Forschung, Lehre und überlieferte Literatur gebildeten, geordneten und begründeten, für gesichert erachteten **Wissens** einer Zeit; auch die für seinen Erwerb organisatorisch **institutioneller Rahmen**" (S. 277).

Eine Wissenschaft beinhaltet also einmal das Wissen eines Fachgebietes oder Gegenstandsbereiches und sie strebt nach der instrumentellen Erfassung von Sachverhalten, deren Beschreibung, Erklärung und regelhafter Gestaltung in einem geordneten System. Daher ist der Zweck von Wissenschaft, konkrete Erkenntnisse zur Lösung praktischer Problemstellungen zu finden und dies erfordert wissenschaftliches Arbeiten.

Jeder Wissenschaft sind dabei drei Punkte eigen:

- **Erkenntnisziele** (Erklärung, Prognose, Gestaltung)
- **Erkenntnisobjekte** (z. B. der Mensch, das Unternehmen)

- **Methodischer Prozess** nachvollziehbaren Forschens und Erkennens (z. B. über empirische Untersuchungen) – Wissenschaftsmethodik

Wie sagte schon *Carl Hilty*, ein schweizerischer Theologe:

> *„Der einzige Weg, auf welchem wahre Kenntnis erreicht werden kann, ist durch liebevolles Studium."*

Gemeinsam ist allen Definitionen des Begriffs „Wissenschaft" das systematisch, geordnete Vorgehen zur Erkenntnisgewinnung einer Wissenschaft. Eine wissenschaftliche Arbeit muss sich daher auf gründlich recherchierte Quellen stützen oder mit wissenschaftlichen Methoden erarbeitet und bewiesen sein. Eine Wissenschaft ist ein System der Erkenntnisse, Eigenschaften, Zusammenhänge und Gesetzmäßigkeiten.

Wenn Sie Ihr Studium aufnehmen, kommen Sie um wissenschaftliches Arbeiten nicht herum. **Wissenschaftliches Arbeiten** ist eine Arbeitsweise, die an den Universitäten und Hochschulen auch gelehrt wird in zum Teil speziellen Kursen und Veranstaltungen und das Sie lernen und praktizieren müssen. Ob Sie eine Hausarbeit verfassen, ein Referat erstellen, eine Präsentation erarbeiten, später die Bachelor- oder Masterarbeit, eine Magisterarbeit oder auch eine Dissertation schreiben.

Wissenschaftliches Arbeiten bedeutet, sich auf der Grundlage wissenschaftlicher Erkenntnisse auf den neuesten Stand der wissenschaftlichen Diskussion zu bringen, indem wir uns mit den Gedanken der verschiedensten Wissenschaftler kritisch auseinandersetzen, eigene Gedanken und wissenschaftliche Ergebnisse einbringen und das Ergebnis in einer verständlichen Form darstellen. Bei der Darstellung der gewonnenen Ergebnisse/Erkenntnisse müssen wir bestimmte Konventionen beachten, die im Wissenschaftsbetrieb üblich sind, von Disziplin zu Disziplin aber teilweise unterschiedlich gehandhabt werden können. Die Einhaltung und Orientierung an formalen Standards sind für das Funktionieren der wissenschaftlichen Gemeinschaft wichtigste Voraussetzung. Eine wesentliche Informationsquelle ist dabei die Publikation.

Merke Sinn und Zweck wissenschaftlichen Arbeitens im Studium ist, dass Sie als Studierende lernen, sich ein Themengebiet zu erarbeiten, sich kritisch mit einem Thema auseinander zu setzen und dies unter Berücksichtigung wissenschaftlicher Regeln strukturiert darstellen zu können.

Nach *Preißner*[38] lassen sich folgende Merkmale des wissenschaftlichen Arbeitens identifizieren:

- Wissenschaftliches Arbeiten ist **systematisches Arbeiten.** Um eine nachvollziehbare Argumentation zu gewährleisten, muss die Arbeit einen klaren Aufbau besitzen, aus dem der Gang der Untersuchung hervorgeht.

- Wissenschaftliches Arbeiten **heißt objektiv begründen.** Verzichten Sie auf gefühlsmäßige Argumentationen. Jedes Ihrer Urteile muss auf nachvollziehbaren Kriterien basieren. Die Herkunft und die Quelle aller wesentlichen externen Gedanken sind dabei stets anzugeben.

- Wissenschaftliches Arbeiten ist Streben nach **Allgemeingültigkeit.** Achten Sie darauf, dass Ihre Aussagen auf mehrere Fälle übertragbar sind. Geben Sie stets den Gültigkeitsbereich Ihrer Erkenntnisse an.

- Wissenschaftliches Arbeiten ist **Auseinandersetzung** mit anderen Arbeiten. Ihr grundlegendes Ziel sollte sein, einen Beitrag zum wissenschaftlichen Fortschritt zu leisten. Dazu ist erforderlich, den Stand der Forschung zu diesem Thema zu dokumentieren und eigenständige Schlussfolgerungen zu ziehen bzw. durch eigene Forschung/Untersuchungen darauf aufzubauen.

- Wissenschaftliches Arbeiten kann auf Basis von **Literaturauswertung, empirischer Analyse** oder einer Kombination von beidem erfolgen. Bei der Literaturauswertung achten Sie bitte auf eine ausgewogene Auswahl der Quellen. Berücksichtigen Sie unterschiedliche Lehrmeinungen und achten darauf, dass eine verwendete Meinung auch allgemein anerkannt ist. Bei empirischen Untersuchungen ist stets zu fragen, ob das Ergebnis repräsentativ ist (z. B. Anzahl der Befragten oder eingegangenen Fragebogen). Um Kritik des Erhebungs- und Auswertungsverfahrens (wissenschaftliche Methodik) zu ermöglichen, müssen die Materialien einsehbar sein.

- Die **wesentlichen Begriffe** einer wissenschaftlichen Arbeit müssen **definiert werden.** Die Bedeutung vieler Fachbegriffe ist nicht eindeutig festgelegt. Um eine einheitliche Diskussionsgrundlage zu schaffen, muss das Ihrer Arbeit zugrunde gelegte Verständnis eines Begriffes geklärt werden.

---

[38] Vgl. Preißner, A.: Wissenschaftliches Arbeiten, München 2012, S. 18 ff. und auch zahlreiche andere Literatur, die sich intensiv mit dieser Thematik beschäftigen wie Theisen, M.R.: Wissenschaftliches Arbeiten, München 2017; Brink, A.: Anfertigung wissenschaftlicher Arbeiten, Wiesbaden 2012; Oehlrich, M.: Wissenschaftliches Arbeiten und Schreiben, Wiesbaden 2019.

9.2 Anregungen zum wissenschaftlichen Arbeiten

Das Fundament wissenschaftlichen Arbeitens besteht heute aus einigen Minimalstandards, die Sie als angehende Wissenschaftler erfüllen müssen, wenn Ihre Arbeit wissenschaftlich anerkannt werden soll. Sie bilden die Grundlage wissenschaftlichen Arbeitens. Dies sind[39]:

- Die **Intersubjektivität,** d. h. Nachvollziehbarkeit und Kontrolle dessen, was Sie erarbeitet haben;
- Die **Begründbarkeit** des Geschriebenen durch Daten/Zahlen/Fakten und Argumente untermauern und Tatbestände nicht einfach behaupten;
- Die **Präzision**, d. h. sprachliche Klarheit und Genauigkeit insbesondere von Begriffen sowie eine Argumentation ohne Widersprüche;

Wenn Ihre Arbeit diese Kriterien erfüllt, können wir von einer wissenschaftlichen Arbeit sprechen und von eigens geschaffenem Wissen. Dabei ist die Kommunikation, die insbesondere in schriftlicher Form erfolgt, ein wichtiges Element der Wissenschaft, ferner bildet Ehrlichkeit und der Respekt vor dem geistigen Eigentum anderer Autoren den Ehrenkodex der Wissenschaftler untereinander. In diesem Zusammenhang sollen die in den letzten Jahren sehr häufig vorkommenden Plagiatsvorwürfe auch in der öffentlichen Diskussion genannt werden.

Auf Ihre Hausarbeit oder Ihre Bachelorarbeit bezogen bedeutet dies, dass Sie nichts gänzlich Neues geschaffen haben müssen, aber in der Lage sind, ein Thema unter Berücksichtigung der betreffenden Literatur und möglicher eigener Recherchen strukturiert und in Ihren Worten formuliert darstellen und begründen können. Wissenschaftliches Arbeiten setzt Vorarbeiten, wie bereits eingangs genannt, wie hohe Selbstmanagementansprüche, effektives Zuhören und Mitschreiben und vor allem studierendes Lesen mit Markierungen und Exzerpten voraus. Neben der Aneignung fachlichen Wissens durch z. B. Vorlesungen, Seminare und das Lesen von Fachliteratur ist auch das Erlernen von Methoden zur Erkenntnisgewinnung ein wichtiges Studienziel. Die schriftliche Kommunikation in der Wissenschaft ist ganz wichtig, die Sie im Laufe Ihres Studiums erlernen müssen. Bereits Hausarbeiten und Referate in den ersten Semestern müssen den Anspruch einer wissenschaftlichen Leistung erfüllen. Besuchen Sie deshalb angebotene Veranstaltungen Ihrer Hochschule zum wissenschaftlichen Arbeiten in Ihrem Studienfach. Dort lernen Sie auch formale Ansprüche an eine wissenschaftliche Arbeit wie z. B. Gestaltung von Titelseite, Inhaltsverzeichnis, Vorwort, Abstracts, Zitation, Literaturverzeichnis und weitere sonstige Verzeichnisse und Anforderungen, die der Fachbereich festgelegt hat. Ferner werden Sie auch mit Hinweisen für die formale Ge-

---

[39] Vgl. Druwe, U.: Politische Theorie, Neuried 1995, S. 21 ff.

staltung schriftlicher Arbeiten konfrontiert, so z.B. Schriftbild und Ränder, Gliederung, Verzeichnisse. Diese Methodik fördert in besonderem Maße strukturiertes Denken. Darüber hinaus stellen Ihnen viele Hochschulen Tools für das wissenschaftliche Arbeiten zur Verfügung, ergänzend zu Leitfäden zum Anfertigen von Hausarbeiten, Bachelor-und Masterarbeiten. Fragen Sie einfach nach, studieren auch die Erstsemesterinfos und besuchen die Einführungsveranstaltungen für Erstis, die Sie an Ihrer gewählten Universität/Hochschule erhalten.

Zusammenfassend lässt sich der Arbeitsprozess für **schriftliches wissenschaftliches Arbeiten** wie folgt kurz darstellen[40]. Zu dieser Thematik gibt es außerdem eine Vielzahl von Literaturstellen und hochschulinterne Publikationen, die Sie im späteren Studienverlauf berücksichtigen sollten, wenn die erste schriftliche Hausarbeit auf Sie zukommt.

Vorarbeiten:	+ Vorarbeiten wie Arbeitsplatz, Arbeitsmittel, Arbeitsorganisation
	+ Studierendes Lesen mit Markierungen und Exzerpten
	+ Zuhören in den Lehrveranstaltungen (Übersicht und Inhalte)
	+ Strukturiertes Mitschreiben in Lehrveranstaltungen (Inhaltsübersicht, Inhaltsstrukturen, Zusammenhänge)
Arbeitsschritte:	+ Planung des Projektes „Hausarbeit/Bachelorarbeit" – Arbeitsplan mit Zeiten und Terminen
	+ Materialübersicht (Literaturauswahl – kursorisches Lesen, Analyse der Inhaltsverzeichnisse und Themenabgrenzung)
	+ Materialauswahl (Literaturbeschaffung und -bewertung durch studierendes Lesen)
	+ Materialauswertung (Gliederung, Dateien und Ablage)
	+ Manuskript (z.B. Schriftform, Text, Zitate)
	+ Ergebnisgestaltung, z.B. Titelblatt, Schreibtechnik, Verzeichnisse
	+ Vervielfältigung wie Anzahl der abzugebenden Exemplare

Zu einem späteren Zeitpunkt Ihres Studiums, wenn Sie eine Hausarbeit oder gar Ihre Bachelorarbeit dann schreiben, ist darüber hinaus der Kontakt zu Ihrem betreuenden Professor/in oder den wissenschaftlichen Mit-

---

[40] Vgl. in Anlehnung an Theisen, M.R.: Wissenschaftliches Arbeiten, München 2017, S. 3 ff.

arbeitern sehr wichtig. Klären Sie dabei die gewünschten Kriterien wissenschaftlichen Arbeitens, die oftmals stark individuell geprägt sind, z. B. die Zitation und Zitationsform, Gliederungsform, Verzeichnisse. Dabei sind auch die Veranstaltungen zum wissenschaftlichen Arbeiten der Fachbereiche unbedingt empfehlenswert. Wichtig ist ferner, dass Sie vor der eigentlichen Schreibphase die Gliederung Ihrer Arbeit besprechen und „absegnen lassen". Bleiben Sie sehr eng an Ihrem Betreuer/in der jeweiligen Haus- oder Bachelorarbeit.

Das Anfertigen einer schriftlichen wissenschaftlichen Arbeit erfolgt mit einem Textverarbeitungsprogramm. Die Auswahl des Programmes ist Ihnen überlassen. Gängige Programme sind etwa MicrosoftWord, OpenOffice, LatTex u. v. m. Aufgrund der zahlreichen vorhandenen Alternativen sind Sie nicht auf ein bestimmtes Programm festgelegt. Die Unis/Hochschulen haben hierfür meist sehr umfangreiche Campus-Lizenzen, die Ihnen zur Verfügung gestellt werden.

Wissens-
anwendung und
Weitergabe

10.1 Wissenswertes zu Prüfungsleistungen

Welche Prüfungsleistungen Sie als Studierende erbringen müssen, werden durch die Allgemeine Prüfungsordnung für den jeweils gewählten Studiengang an Ihrer Universität bzw. Hochschule festgelegt. Dabei werden auch die möglichen Arten von Prüfungsleistungen aufgeführt und definiert. Art, Umfang und Anforderungen der in einem Fach zu erbringenden Prüfungsleistung orientieren sich an den fachspezifischen Erfordernissen und liegen in der Verantwortung des anbietenden Professors/in.

Schriftliche Prüfungen sind in der Regel immer – in Abhängigkeit vom Studiengang und Fachbereich- Klausuren, Hausarbeiten, einschließlich einer Präsentation, Projektberichte oder Assignments, Abschlussarbeiten, Bachelor- oder Masterarbeiten etc. Dabei sollen die Studierenden nachweisen, dass sie während einer bestimmten Zeit von z. B. 90 oder 120 Minuten, Probleme erkennen und mit fachspezifischem Wissen und Methoden Lösungen entwickeln können. Hausarbeiten können Einzel- und Gruppenarbeiten sein z. B. mit einer Zeitvorgabe von 4 Wochen. Assignments sind lehrveranstaltungsbegleitende schriftliche Ausarbeitungen zu Fällen, Aufgaben oder Fragestellungen im Umfang von z. B. 5 Textseiten. Auch mündliche Prüfungen als Einzel- oder Gruppenübungen können Prüfungsleistungen sein.

Prüfungen zum Semesterende wie Klausuren sind eine ernste und für Studierende oftmals bedrohliche Angelegenheit. Der Druck verschärft sich auch dadurch, dass Sie z. B. in einem Bachelorstudiengang eine Leistung sprich die Klausur nur zweimal wiederholen dürfen und der zweite Versuch für Sie der Letztversuch ist, denn bei Nichtbestehen werden Sie exmatrikuliert und müssen z. B. ein anderes Studienfach wählen. Ebenso dürfen Sie eine Bachelor- oder Masterarbeit nur einmal wiederholen. Ferner vergessen Sie nicht, dass Sie sich zu Prüfungsleistungen anmelden müssen und dies erfolgt via Internet. Hierfür benutzen Sie die mit der Zulassung zum Studium erhaltene Identifikation. Diese Anmeldung liegt auch daran, dass Sie zu bestimmten Prüfungen nur zugelassen werden dürfen, wenn Sie in der Prüfungsordnung z. B. definierte Vorleistungen erfüllt haben. Also bitte, arbeiten Sie bereits rechtzeitig im ersten Studiensemester die für Sie gültige Prüfungsordnung durch und vergessen Sie nichts. Halten Sie wesentliche Inhalte Ihrer Prüfungsordnung, die Sie als „Ersti" zum Studienstart erhalten oder aus dem Hochschulnetz ziehen können, schriftlich fest (Exzerpt).

10.2 Prüfungsleistung „Klausur"

Wenn Sie Ihr Studium erfolgreich abschließen wollen, müssen Sie nicht nur Wissen ansammeln, verstehen und anwenden können, sondern dieses auch in schriftlicher Form, insbesondere in **Klausuren**, wiedergeben bzw. problemorientiert anwenden und umsetzen können.

Der Name „Klausur" stammt noch aus einer Zeit, in der sich die wissenschaftliche Welt in lateinischer Sprache verständigte. Clausura heißt dabei so viel wie Verschließung, Absprechung, in Klausur gehen. Bei diesen im Studium geforderten Klausuren müssen Sie „ganz alleine für sich" beweisen, dass Sie innerhalb einer vorgegebenen Zeit von 90–180 Minuten unter Aufsicht und vorab festgelegten einheitlichen Bedingungen eine mindestens ausreichende Leistung erbringen können[41].

Eine dieser vorab festgelegten Bedingungen könnte sein, dass die Nutzung gewisser Hilfsmittel wie z. B. Taschenrechner, Bücher, Mitschriften, Gesetze, Formelsammlungen zugelassen ist.

Klausuren stellen sehr hohe Anforderungen an Ihr geistiges und physisches Leistungsvermögen vor allem dann, wenn Sie zum Semesterende oder auch teilweise zu Beginn der Semesterferien innerhalb eines Zeitraumes von z. B. 2 Wochen mehrere Klausurarbeiten in den verschiedensten Fachgebieten absolvieren müssen. In einer Klausur sind Sie gefordert, abgesehen von dem unumgänglich notwendigen Faktenwissen, nachzuweisen, dass Sie bestimmte fachliche Tatbestände und Fakten nicht nur einfach niederzuschreiben (wichtig bei Definitionen), sondern anwendungs- und problemorientiert denkend verarbeiten können. Dabei unterscheiden wir, je nach Fachgebiet, unterschiedliche Klausurarten, so z. B. Fragenklausur, Themenklausur, Multiple-Choice-Klausur, Fallstudienklausur mit einer Vielzahl von Aufgabentypen wie z. B. Wissens-, Rechen-, Entscheidungs-, Interpretations- und Entscheidungsaufgaben, je nach Studiengang. Wichtig für Sie ist in diesem Zusammenhang, dass Sie an möglicherweise angebotenen „Übungs- oder Probeklausuren" (in Repetitorien oder Übungen begleitend zur Vorlesung) unbedingt teilnehmen, mit höheren Semestern in Kontakt treffen zwecks Klausurinformationen, die möglicherweise angebotene Klausurbörse beim AStA besuchen und in „Altklausuren" Einblick nehmen u. v. m., um mehr über die Aufgabentypen und die Klausurtechnik zu erfahren. Denken Sie daran, es ist jedem anbietenden Professor/in überlassen, wie die Ausgestaltung der Klausur aussieht.

Beachten Sie auch, an zwischenzeitlich einigen Universitäten und Hochschulen schreiben die Studierenden bestimmter Studiengänge ihre Abschlussklausuren am Notebook. Sogenannte E-Klausuren sind besonders

---

[41]   Vgl. Theisen, M.R.: Wissenschaftliches Arbeiten, München 2017, S. 9.

geeignet zum Abfragen von Faktenwissen, wie es im Medizinstudium häufig der Fall ist. Denken Sie im Studium an die Worte des griechischen Philosophen *Platon*, der sagte:

„Es ist keine Schande, nichts zu wissen, wohl aber nichts lernen zu wollen."

10.3 Klausur-/Prüfungsängste

Wesentliche Voraussetzung für die erfolgreiche Absolvierung einer Klausur ist eine gewisse innere Ruhe und Stabilität sowie die Fähigkeit, sich voll und ganz auf die Klausuraufgaben konzentrieren zu können. Daher ist es auch wichtig, wie oben bereits beschrieben, sich intensiv über die Klausurart und die Aufgabentypen in der Klausur, im Vorfeld vertraut zu machen. Die Erfahrung über viele Semester zeigt darüber hinaus, dass während des Studiums schwierige persönliche Lebensphasen oder akute Belastungs- und Krisensituationen auch durch Prüfungen durchlebt werden, in denen Sie Beratung benötigen. Dabei beeinträchtigen Prüfungsängste in nicht unerheblichem Maße die Leistungsfähigkeit und die Leistungsbereitschaft vieler Studierender. So können sich Klausur- und Prüfungsängste zum einen auf den normalen Rhythmus des körperlichen Geschehens (z. B. Magen und Herzbeschwerden, Schweißausbrüche) auswirken, zum anderen aber auch auf gewisse Gegebenheiten im geistigen Bereich (z. B. Selbstzweifel, Hilflosigkeit, Gedankensperre, innerliche Selbstaufgabe).

Weitere Ängste[42], die die Konzentration und damit die Prüfungsleistung im Studium beeinflussen können, sind z. B.

- Misserfolgserlebnisse aus der Schulzeit,
- Mangelndes Selbstwertgefühl,
- Mangelnde Motivation durch die falsche Studienfachwahl,
- Ungelöste Probleme in der Familie/Partnerschaft,
- Flucht vor den Anforderungen des Studiums in Ersatzaktivitäten (z. B. Vereinsarbeit),
- Soziale Isolation und Alleinleben in einer großen Hochschulstadt,
- Versagensängste/Scham,
- Unrealistische Erwartungen auch Dritter/Druck von außen.

Eine Verdrängung dieser Gegebenheiten ist dabei ein ebenso schlechter Ratgeber wie die Angst vor der Angst. Einheitliche Symptome und Grün-

---

[42] Vgl. weiterführende Literatur: Walther-Dumschat, S.: Mehr Erfolg bei Prüfungen und Klausuren, Heidenau 2003; Clausevic, Endemann, C.: Stress bewältigen – entspannt studieren, Stuttgart 2019; Warnecke, I.: Prüfungsangst bewältigen, Stuttgart 2017; Walther, H.: Ohne Prüfungsangst studieren, Stuttgart 2015.

de für Klausurängste gibt es nicht, sie sind von Person zu Person unterschiedlich stark ausgeprägt und treten in den verschiedensten Formen auf. Zum Abbau derartiger Ängste gibt es keine allgemein verbindlichen Erfolgsrezepte, wichtig ist, dass Sie diese frühzeitig erkennen und sich darum kümmern.

Jede Hochschule in Deutschland bietet aber für Studierende in diesen Fällen psychologische Beratung an und dies sowohl online als auch telefonisch und insbesondere persönlich durch individuelle Beratung, auch durch Workshops und Coaching. Wichtig ist, dass Sie sich frühzeitig darum kümmern, nicht erst 2 Wochen vor den Klausuren. Machen Sie sich auch hier über den Internet-Auftritt Ihrer Wahlhochschule schlau und vereinbaren ein erstes Vorgespräch. Scheuen Sie diesen Schritt nicht. Ein Leben ohne Ängste gibt es nicht. Lernen Sie daher mit diesen Studienängsten umzugehen, ohne dass diese uns so beherrschen, dass wir handlungsunfähig werden. Schon die Erkenntnis hilft, sich dagegen zu wehren.

Der Prüfungserfolg hängt neben diesen Angstfaktoren auch von einer soliden und effektiven auch formalen Klausurvorbereitung ab. Dies beginnt bereits bei der zeitlichen Planung, der Gestaltung und Organisation der Lernarbeit (z. B. Arbeitsplatz, Mitschriften, Lerngruppe). Bauen Sie sich ein individuelles Erfolgssystem auf, dabei ist eine gewisse Systematik in der Vorgehensweise neben Begabung, Zielstrebigkeit und Fleiß wichtig.

10.4 Studienpraktische Hinweise zur Klausurvorbereitung (für Schnellleser)

Sie wissen bereits jetzt, dass Ihre Vorbereitung auf die Klausur schon am Tag Ihrer Entscheidung, ein Studium aufzunehmen, begonnen hat. Das Ergebnis Ihrer Prüfung, das Bestehen einer Klausur, hängt stark von der Vorbereitung der Klausuren und von einem angemessen geplanten Lernzeitraum ab, der für diese Vorbereitung zur Verfügung steht sowie von bestimmten Verhaltensweisen und -regeln im Vorfeld und während Ihrer Klausur.

Der Schlüssel zum Studienerfolg liegt im Wiederholen, Üben und sich stetig Bemühen. Hier einige Denkanstöße und Regeln für die Zeit vor und nach einer Klausur, die Sie je nach individueller Notwendigkeit beherzigen sollten:

Probleme beim „Lernen für die Klausuren"

- Unregelmäßiges Lernen/Wiederholen/Üben
- Konzentrationsschwierigkeiten: Stress, Lärm, Müdigkeit, Ablenkungen
- Dauerndes Aufschieben wichtiger Lernphasen

- Wiederholung häufig dessen, was wir bereits beherrschen
- Fehlende Motivation, zu viel Privates
- Zu viele Lücken im Lernstoff
- Saisonarbeiter/in, „habe noch 2 Wochen Zeit"
- Selbsterfüllte Prophezeiungen lenken ab, wie z. B. „Schaffe ich nie…"
- Angst, in ein Repetitorium/Tutorium zu gehen
- Angst, sich in der Lerngruppe helfen zu lassen
- Angst vor Partner/in, Eltern, Kommilitonen … (Versagen)
- Angst vor Prüfungen/Klausuren

Allgemeine Anregungen für die Zeit vor der Klausur

- Lerntechniken einsetzen (zielgerichtet, rechtzeitig, dosiertes Lernen)
- Klarheit über Prüfungsanforderungen gewinnen, z. B. Inhaltsschwerpunkte, Klausurart, Verwendung von zugelassenen Hilfsmitteln prüfen
- Realistische Ansprüche an sich selbst stellen, z. B. in diesem Fach ist Bestehen alles
- Individuelle Selbstbewältigungsstrategien befolgen, z. B. „Ich schaffe das", „Ich lasse mich nicht unterkriegen", „Das haben Andere auch geschafft"
- „alte Prüfungsklausuren" besorgen und lösen/üben, mit höheren Semestern reden
- Inneres Sprechen bei der Konzentration auf die Aufgabenstellungen/ Übungen (Selbstgespräch – innerer Dialog)
- Beratungsstellen aufsuchen, z. B. anbietender Professor, wissenschaftliche Mitarbeiter, psychologische Beratung
- Entspannungsübungen einlegen für Geist, Körper und Seele
- Ausgewogene Ernährung und Bewegung (z. B. auch sportliche Aktivitäten)
- In Lerngruppen arbeiten, diskutieren, üben, erklären lassen
- Lernplan erstellen mit Tagespänen, Freizeit, Lerntagebuch
- Arbeitsmaterialien in Ordnung halten, Zugriff auf Bücher und Mitschriften, Exzerpte, Charts, Handouts
- Arbeitsplatz lernentsprechend herrichten, z. B. Alles „griffbereit", Struktur/Ordnung, Ablenkungen vermeiden
- Informieren über Lieblingsthemen des anbietenden Professors/in, Steckenpferde, Themeneingrenzungen durch Professor z. B. geschriebene Beiträge, ausgeprägte, tiefgegliederte Inhaltspunkte in der Vorlesungsagenda, Infos von Mitarbeitern/innen und Studierenden höherer Semester

- Nicht zu lange und nicht in Zeiten erhöhter Müdigkeit (nachts) lernen
- Belobigen Sie sich für jeden kleinen Lernfortschritt, gerade in nichtgeliebten Fächern; arbeiten Sie auch an angstauslösenden Faktoren
- Belohnen Sie sich für eine gute Klausur, z. B. Essen gehen, übers Wochenende wegfahren
- Nichtbestehen ist keine Sackgasse, Sie können zweimal wiederholen; Sie haben alles getan, was Sie konnten

Am Tag vor der Klausur

- Den Tag mit viel Entspannung und wenig Lernen verbringen
- Fachgebiet im Überblick nochmals wiederholen, diagonales Lesen der eigenen Mitschriften, eines Exzerptes
- Legen Sie sich zurecht, was Sie zur Klausur mitnehmen müssen (z. B. Stifte, Block, Studierendenausweis, Ausweis mit Bild zwecks Identifikation, Taschenrechner, Gesetze, Formelsammlung)
- Meiden Sie Miesmacher und Pessimisten
- Positive Gedanken wählen, z. B. „Ich fühle mich gut vorbereitet", „Es geht mir gut"
- Spaziergang machen, Joggen, Kommunikation, kein Alkohol, frühes Bettgehen

Am Tag der Klausur

- Beginnen Sie den Tag mit Ruhe, Gelassenheit, ohne Hektik und Zeitstress
- Fahren Sie etwas früher an die Uni/Hochschule
- Arbeiten Sie mit positiven Selbstinstruktionen, „Ich schaffe das"
- Leichtes, nahrhaftes Frühstück
- Lassen Sie sich die Daumen drücken
- Vermeiden Sie Konflikte und Streit am frühen Morgen
- Meiden Sie Leidensgenossen mit Katastrophenstimmung
- Beruhigende Rituale wie Stofftier, Bild der Großmutter nicht vergessen

In der Klausur

- Richten Sie Ihren Sitzplatz ein (Stifte, Block, …)
- Beachten Sie die Bearbeitungsmodalitäten, z. B. von 5 Fragen sind 4 zu beantworten, Zeitvorgabe im Blick haben (90 Minuten)
- Lesen sie die Klausur zuerst ganz durch (Überblick gewinnen)
- Arbeiten Sie sich vom für Sie Leichten zum Schweren durch, vom spontan lösbaren (Frage, Multiple Choice) zum schwierigeren Teil

- Machen Sie bei Themenklausuren (2 Themen in 90 Minuten) eine kleine Stoffsammlung/Gliederung für jedes Thema auf dem Klausurbogen oder einem Block
- Schreiben Sie eng am Thema, proportional, sauber, gegliedert/strukturiert und leserlich
- Qualität vor Quantität, nicht die Menge ist ausschlaggebend
- Atmen Sie zwischendurch mehrmals tief durch, entspannen Sie sich
- Vergessen Sie nicht Ihren Namen, Matrikelnummer auf der Klausur und geben Sie alle Blätter der Klausur ab
- Trinken Sie genug, essen etwas Obst zwischendurch
- Verfallen Sie nicht in Hektik, lehnen Sie sich auch mal zurück
- Sind Sie früher fertig, Klausurzeit nutzen, nochmals alles durchlesen (Vollständigkeit, Leserlichkeit und Redundanzen vermeiden), an Formalitäten denken (z. B. Name oder Matrikelnummer).

Oft ist es meist üblich, so die Aussagen von Studierenden, **nach der Abgabe** der Klausur sich mit Kommilitonen/innen eingehend über Lösungsansätze/Antworten/Ergebnisse zu unterhalten. Dabei wird Ihnen evtl. vor Augen gehalten, was Sie nicht erkannt und worauf andere, aber nicht Sie, bei dieser Frage geachtet haben. Bitte denken Sie daran, es ist nicht gesagt, dass Ihre evtl. abweichende Vorgehensweise/Lösung/Antwort einhergeht mit dem Verfehlen der gestellten Aufgabe. Probleme werden unter Verfolgung unterschiedlicher Wege gelöst, wichtig ist dabei die Begründung Ihres Lösungsansatzes.

Lassen Sie sich durch derartige „**verhängnisvolle Gespräche**" nicht irritieren. Sie sollten wissen, dass Prüflinge meist nicht in der Lage sind, ihre Leistung richtig einzuschätzen. Die Klausur ist geschrieben, verwenden Sie also keine Zeit mehr darauf, nachzuprüfen, was richtig oder falsch war und lassen Sie sich nicht durch anschließende Diskussionen „aufheizen", es ist verlorene Zeit. Wenden Sie sich mit Ruhe und Gelassenheit sowie zuversichtlich und innerlich stabilisiert den noch folgenden Klausuren zum Semesterende zu.

Verinnerlichen Sie während der Klausurvorbereitung eine Weisheit des chinesischen Philosophen *Konfuzius*, der dies zum Besten gibt:

„Wer lernt und nicht denkt, ist verloren! Wer nur denkt und nicht lernt,
ist in großer Gefahr."

Studien- praktische Hinweise zur Effektivierung des Studierens und zur Steigerung der Leistungs- fähigkeit (für Schnellleser)

11.1 Tipps für effektives Studieren/Lernen

(1) Selbsttätig sein – kreativ-schöpferisch Arbeiten

z. B. + Informationsbeschaffung über Studiengänge, Hochschulen usw.

    + Gespräche führen mit bereits immatrikulierten Studierenden, Schnupperstudium, Sichtung von Studieninhalten

    + mögliche Hochschulorte besuchen, Gespräche mit AStA,

    + Studienberatung, Studienanforderungen klären

    + Hochschulentscheidung, Zimmersuche, vertraut machen mit Studienort, Immatrikulation/Einschreibung, Studienplan entwickeln

    + Lerngruppe gründen, Vorlesungen besuchen: Zuhören, mitschreiben, Lesen mit Methodik, Selbststudium organisieren

(2) Motiviert studieren/lernen

z. B. + Glaube an den Erfolg, nicht durch Misserfolge demotivieren lassen

    + Motive des Lernens/Studierens bewusst machen

    + Nicht ablenken lassen (Selbstdisziplin)

    + Selbstbelohnungen planen und realisieren (bestandene Klausur)

    + Arbeiten mit einer Lerngruppe

    + Viele Fragen stellen

(3) Planen – Managen des Studiums

z. B. + Selbstmanagementsystem aufbauen und danach arbeiten

    + Semesterplanung, Lernplanung

    + Studienziele formulieren (kurzfristige und langfristige)

    + Lernziele festlegen und abarbeiten

    + Schema: Zuhören/mitschreiben/lesen – ordnen – gliedern – lernen – Besprechen/diskutieren (auch in der Lerngruppe)

    + Lernpausen einlegen, Lernzeiten dosieren

    + Zeiten zum Üben/Wiederholen planen

    + Lernerfolg kontrollieren (Lerngruppe)

(4) Abwechslung – Variation des Lernens im Studium

z. B. + Variation in den Lernwegen (hören, diskutieren, visualisieren, lesen)

    + Starres unmotiviertes Lesen vermeiden, ebenso „Lesen müssen" wie vor der Klausur täglich 60 Seiten oder 5 Stunden

    + Abwechslung in der Lernmethodik (allein, mit Lerngruppe)

+ Lernstimuli nutzen wie Bild einer nahestehenden Person auf Schreibtisch, Teekanne, Gummibärchen ....

+ Variation in den Lernorten (mal Studierendenbude, Bibliothek, im Freien)

+ Wiederholungen des Lernstoffes verschiedenartig gestalten (mit Buch, Mitschriften, Lernkartei, Lesen im Internet)

11.2 Tipps zur Steigerung der persönlichen Leistungsfähigkeit

(1) Körperliche Leistungsfähigkeit

z. B.   + richtige, ausgewogene Ernährung (Dosierung des Essverhaltens)

+ erholsamer und ausreichender Schlaf

+ Zeit für stille Stunden einplanen (geistiger und körperlicher Ausgleich)

+ sinnvolle und ausreichende Pausenplanung

+ positive Beeinflussung der körperlichen Verfassung durch Sport, gesunde Lebensführung, Erholung, Entspannung

+ Begrenzung der seelischen Belastung (psychologische Beratung an Uni oder Hochschule nutzen)

+ ohne zeitliche Hektik in Vorlesungen, rechtzeitig, guter Sitzplatz vorne

(2) Äußere Lernbedingungsgestaltung

z. B.   + Konzentriertes und aufmerksames Arbeiten (Störungsfreiheit)

+ Orientierung am persönlichen Arbeits- und Leistungsrhythmus

+ Überwindung von äußeren (falsche Lernzeit und falscher Lernort) und inneren Lernbarrieren (Desinteresse an einem Einzelfach, Antipathie gegen Lehrende, Sorgen, Nöte, private Probleme)

+ Vermeidung lernorganisatorischer Beeinträchtigungen – Lernen mit System und nach Plan (Lernordnung)

+ Sehen Sie Belohnungen vor (Abendessen, Kinobesuch), Motivation für den Folgetag und das Semester

(3) Innere Lernbedingungsgestaltung

z. B.   + Bewusst werden, dass Lernen bestimmt wird durch eine gute Vorbereitungsphase (Aufmerksamkeit, Konzentration, Wahrnehmung durch Hören/Lesen) sowie die Wissensaneignungsphase (Selbststudium, Lerngruppe)

+ Gedächtnis wichtig für das Lernen (Speicherungsphase – Langzeit- und Kurzzeitgedächtnis und Erinnerungsphase – Abruf des Gelernten in der Klausur) – Gedächtnistraining

+ Motivation für das Studium von innen heraus (Erziehung, Qualifikationen, Erfolgswille, Neugierde)

+ Grundfunktionen geistiger Arbeit immer wieder vor Augen halten wie Aufmerksamkeit, Konzentration

+ Lerntyp berücksichtigen wie visueller, auditiver (lernen durch Hören), medienorientierter (Notebook), personenorientierter Lerntyp (Bezugsperson), soziales Lernen (Lerngruppe)

+ Einsichtiges, verstehendes Lernen vor Auswendiglernen

+ Stärkung von Gedächtnis und Konzentration durch Strukturierung der Inhalte, positive Lernatmosphäre, Einsatz arbeitsorganisatorischer Hilfsmittel, gezieltes Arbeiten

12

Zusammen- fassung und Ausblick

Die moderne Entwicklungsgeschichte unserer Universitäten wurde durch das Bildungskonzept von **Wilhelm von Humboldt** entscheidend geprägt. Seine Ideale, die Freiheit der Wissenschaft, die Universität als Bildungseinrichtung, die Forschung und Lehre vereint und das Ziel einer universalen Menschenbildung verfolgt, haben auch heute noch einen hohen Stellenwert in der Bildung. Allerdings ist neben dieses allgemeine Bildungsideal heute zunehmend die Forderung nach Verwertbarkeit durch Anwendungs- und Praxisbezug akademischer Forschung gerückt. Dies verdeutlicht auch das Hochschulrahmengesetz (HRG). Universitäten/Hochschulen sind heute moderne Dienstleistungszentren, die im 21. Jahrhundert eine Synthese zwischen anwendungsorientiertem Pragmatismus und den Humboldt'schen Idealen finden müssen.

Das 21. Jahrhundert entwickelt sich immer mehr hin zu einer globalen Informations- und Wissensgesellschaft, in der auch die Digitalisierung und die Internationalisierung einen hohen Stellenwert einnehmen. So müssen wir unser Wissen ständig aktualisieren, erweitern und ein Leben lang lernen. Halten wir es mit *Henry Ford* dem I., der treffend folgendes formulierte:

„Jeder der aufhört zu lernen ist alt,
mag er zwanzig oder achtzig Jahre zählen.
Jeder der weiterlernt ist jung,
mag er zwanzig oder achtzig Jahre zählen."

Dafür benötigen wir verstärkt Handreichungen und pädagogische Denkanstöße sowie ein methodisches Instrumentarium, um diesen Anforderungen gerecht zu werden und dieses Wissen zu generieren und anzuwenden.

Die internationale Ausrichtung unserer Hochschulen ist zwingende Voraussetzung geworden, um der Globalisierung von Unternehmen und Institutionen gerecht zu werden (interkulturelle Kompetenz). Sie dient der Förderung des Dialoges und des Austausches in Studium, Forschung und Lehre. Internationale Studienabschlüsse wie Bachelor- und Masterstudiengänge, die Vernetzung und gegenseitige Anerkennung von Studienleistungen (ECTS) und Studienabschlüssen im In- und Ausland, die Unterstützung des Studierenden- und Wissenschaftleraustausches sowie die Förderung von Hochschulkooperationen mit dem Ausland sind bedeutende Elemente einer globalen und internationalen Hochschularbeit. Die Zukunft jedes Landes liegt in zunehmendem Maße in den Köpfen der jungen Generationen, in ihrem Wissen, ihrem Können und ihren Potenzialen. Dies muss sich unbedingt die Politik auch unseres Landes stetig vor Augen halten und insbesondere den Faktor „Bildung" viel stärker priorisieren. Die Aufnahme eines Hochschulstudiums stellt eine Investition in (das eigene) Humankapital dar.

Denken Sie an eine Aussage des ehemaligen Präsidenten der USA, John F. Kennedy, der sich zum Thema Bildung wie folgt äußerte:

„Es gibt nur eins, was auf Dauer teurer ist als Bildung, keine Bildung."

Studieren ist Lernen, ist geistige Arbeit, die nicht isoliert, sondern im Zusammenhang mit Körper, Geist und Seele gesehen werden muss. Ihr gewähltes Studienfach erfasst Sie als ganzen Menschen und verlangt auch den Einsatz des ganzen Menschen. Dieses geistige Arbeiten wird bestimmt durch

- erforderliche Struktureigenschaften wie Auffassungsgabe, Motivation, Belastbarkeit, Kontakt- und Teamfähigkeit usw.,
- wesentliche Verhaltenseigenschaften wie z. B. Fleiß, Ehrgeiz, Durchhaltevermögen, Gründlichkeit, Sorgfalt, Ordnungssinn und Beständigkeit, Neugierde, Ehrgeiz
- soziale Werthaltungen, manifestiert als Ehrlichkeit, Verlässlichkeit, Selbstdisziplin usw.

Geistiges Arbeiten, Studieren, ist die Auseinandersetzung mit einer Universität/Hochschule und einem fachlichen Studium. Machen Sie sich diesen für Sie neuen Bereich durch Aktivitäten wie beobachten, zuhören, informieren, kommunizieren, lesen und schreiben, im Team arbeiten zu etwas Eigenem. Der Start in ein Studium ist meist schwierig, bedingt durch eine Vielzahl von Überlegungen wie z. B. die Entscheidung des Studienortes und insbesondere des Studienganges/Studienfaches und auch Verwertbarkeitsüberlegungen des Gelernten nach dem Studium. Dieser Studienwahlprozess dürfte sich zukünftig noch stärker erschweren durch die hohe Zahl der Studiengänge und ihre Vielfalt, die unterschiedlichen Zulassungsbestimmungen und -begrenzungen an den einzelnen Hochschulen u. v. m.

Noch vor Jahren war Studieren eine Zeit des Experimentierens und breiter Wissensbildung auch mit interdisziplinären Tendenzen, eine Zeit des Schnupperns zur Entdeckung seiner Stärken, Potenziale und auch Interessen. Auf die Vielzahl der Studiengänge und deren Anforderungen sind die wenigsten vorbereitet. Daher wird oftmals viel Zeit damit verbracht, sich zurechtzufinden und die Studienerwartungen und -erfordernisse abzuklopfen. Heute wirkt das Studium von außen betrachtet ein bisschen wie Schule, mit weniger Freiheiten aber größerem Zeit- und Erfolgsdruck. Dies führt auch oftmals in den ersten Semestern zu einer hohen Zahl an Studienabbrechern. Um den Einstieg in ein Studium zu erleichtern und die Komplexität von Fachinhalten zu reduzieren, bieten einige Universitäten und Hochschulen zukünftig auch im Rahmen von Pilotprojekten (z. B. Universität Frankfurt) sogenannte Orientierungsstudiengänge an. Bevor Sie einen Bachelorstudiengang und eine Fachrichtung wählen, haben Sie z. B. in den Naturwissenschaften zwei, in den Geistes- und Sozialwissenschaften ein Semester Zeit, in die verschiedenen Studiengänge reinzuschnuppern.

Dabei lernen Sie die Didaktik und Methodik von Studiengängen kennen und können prüfen, ob dies die richtige Studiengangwahl war. Durch dieses unmittelbare Erleben mehrerer Studienfächer sollte es dann Ihnen als Studieneinsteiger leichter fallen, sich für ein Studienfach zu entscheiden. Diese Orientierungsphase umfasst fächerübergreifende Lehrveranstaltungen aus verschiedenen Fachbereichen (z. B. Chemie und Physik) (www.uni-frankfurt.de).

Ihr Studium erfordert Ihren ganzen Einsatz und volles Engagement sowie kontinuierliches Lernen von der Vorbereitung auf ein Studium, der Ersteinschreibung bis hin zur Abschlussarbeit. Dabei kommt dem Vorbereitungsprozess, dem on-boarding, eine wesentliche Bedeutung zu.

Merke Lernen als eine intensive Konzentration der Aufmerksamkeit unter Ausschaltung aller Lernhemmnisse und Ablenkungen führt zum Behalten. Dauerndes Behalten wird durch häufige Wiederholungen des Gelernten erreicht. Bedienen Sie sich beim Studieren, beim geistigen Arbeiten, bei der Auseinandersetzung mit einem Wissenschaftsgebiet, einer bestimmten Methodik in der Vorgehensweise.

Anliegen dieses Buches war/ist, Ihnen einige studienvorbereitende Informationen sowie studienpraktische und studienorganisatorische Denkanstöße zur Komplettierung Ihres Projektes „Studium" auf der Basis eines Selbstmanagementsystems zu bieten und Ihnen Denkanstöße für wichtige Aufgaben zum Einstieg und während des Studiums wie Zuhören, Lesen, Mitschreiben und die Prüfungsvorbereitung zu geben. Dabei handelt es sich nicht um ein Lernrezept, das den Studienerfolg gewährleistet, aber um Handreichungen/Tipps, die mit dem „Blick auf das Wesentliche" studieneffizienzsteigernd wirken können.

Abschließend eine Zusammenfassung wichtiger Aufgaben, die mit dem Studieneinstieg und einem Studium verbunden sind in verkürzter Form:

Studien- und semester-vorbereitende Aufgaben	Selbstmanagementbezogene Arbeiten wie z. B. Arbeitsplatz, Arbeitsmittel, Zeitmanagementsystem, Vorlesungsplan, Prüfungsordnung, Nutzung von Orientierungshilfen, Ordnungsmittel
Arbeiten im lfd. Semester	
+ Aufnahme von Stoffinhalten	Zuhören und Mitschreiben in Lehrveranstaltungen wie Vorlesungen, Übungen etc.

+ Verarbeitung von Fachliteratur	Lesen wissenschaftlicher Literatur unter Berücksichtigung von Lesehilfen wie Markieren und Exzerpterstellung
+ Anwenden und Weitergabe von Wissensstoff	Schreiben von Prüfungsleistungen wie z.B. Klausuren, Hausarbeiten
+ Organisation des Selbststudiums	Lernen/Studieren in Bibliotheken und am häuslichen Arbeitsplatz, Lernen mit anderen in einer Lerngruppe
Tätigkeiten in der vorlesungsfreien Zeit	z.B. Durchführung von Praktika, Sprachkurs im Ausland, Selbststudium, Erstellung von Hausarbeiten und Präsentationen, Regenerationszeit/Ferien/Urlaub

Im Vordergrund der inhaltlichen Interessen dieses Buches stand dabei weniger das Theoretisieren, sondern vielmehr die Vermittlung von Orientierungswissen zum Studienstart aufgrund jahrelanger Erfahrungen, die einerseits aus zahlreichen Diskussionen mit Kolleginnen und Kollegen der unterschiedlichsten Universitäten und Hochschulen mit ihren Fachrichtungen entsprangen, andererseits von Schülern und Studierenden aus zahlreichen Vorträgen und Erstsemesterveranstaltungen u.a. zu Themen wie „Studieren lernen" und wissenschaftliches Arbeiten. Wichtige Denkanstöße erhielt ich auch aus einem Arbeitskreis 2018/2019 mit Studierenden.

Das Wichtigste bei all diesen Handreichungen/Tipps/Denkanstößen ist, dass Sie bei allem was Sie tun, insbesondere auch bei Ihrem Studium Freude haben und Lust am Entdecken neuen Wissens. Halten Sie es mit dem Sprichwort des indischen Philosophen *Tagore*, der im Jahre 1913 den Nobelpreis erhielt und sagte: *„Ich träumt und dachte, das Leben sei Freude. Ich erwachte und sah, das Leben ist Pflicht. Ich tat meine Pflicht und das Leben ward Freude."*

Diese Freude an Ihrem Studium und an Ihrer beruflichen Orientierung und Qualifizierung wünsche ich Ihnen.

Literaturverzeichnis

Allgemeine Zeitung, Anzeigenveröffentlichung vom 9.4.2011, Ausbildung &
  Beruf, Campus-Studieren, 2011, S. 37
Axt, P. u. a.: Vom Glück der Faulheit, München 2004

Baumann, M./Gordalla, C.: Gruppenarbeit, Konstanz/München 2014
Bay, R.H.: Erfolgreiche Gespräche durch aktives Zuhören, Ehningen 2010
Becker, F.: Teamarbeit, Teampsychologie, Teamentwicklung, Berlin 2016
Bialas, B.: Mitschreiben mit Köpfchen, in: Audimax, Nawi, Heft 11/2018,
  S. 28–29
Bialas, B.: Kopf, Stift, Papier, in: Audimax, Nawi, Heft 11/2016, S. 42–43
Böttcher, H. u. a.: Bachelor/Master – Bildungsmarketing, Wiesbaden 2010
Brink, A.: Anfertigung wissenschaftlicher Arbeiten, Wiesbaden 2012
Brohm, M.: Motiviert studieren, Stuttgart 2015

Clausevic, E./Endemann, C.: Stress bewältigen – entspannt studieren,
  Stuttgart 2019
Csikszentmihalyi, M: Flow – Das Geheimnis des Glücks, Stuttgart 2018
Currey, M.: Musenküsse – die täglichen Rituale berühmter Künstler, Zürich
  2014
Currey, M.: Für mein kreatives Pensum gehe ich unter die Dusche, Zürich
  2015

Deale, N.V.: Positiv in den Tag. Dem Leben vertrauen, München 1993
Druwe, U.: Politische Theorie, Neuried 1995
Dubs, R.: Selbständiges (eigenständiges oder selbstgeleitetes) Lernen, in:
  Zeitschrift für Berufs-und Wirtschaftspädagogik, Heft 2/1993, S. 113–117

Ebitsch, S.: So geht's zum Bachelor. Was jeder wissen muss, um sich an
  der Hochschule zurechtzufinden. Ein Leitfaden für das Studium, in: ZEIT
  Studienführer 2009/10
Ebitsch, S.: Das Uni-Einmaleins. Ob Module oder Creditpoints – Studi-
  enanfänger müssen sich mit vielem Neuen vertraut machen. Wie der
  Bachelor funktioniert, in: ZEIT Studienführer 2011/12
Eco, U.: Wie man eine wissenschaftliche Abschlussarbeit schreibt, Hei-
  delberg 2010
Endemann, E. und C.: Stress bewältigen – entspannt studieren, Stuttgart
  2019
Esselborn-Krumbiegel, H.: Von der Idee zum Text, eine Anleitung zum
  wissenschaftlichen Schreiben, Paderborn 2008

Fabian, C.: Zuhören und hinhören, München 2017
Fischer, R.: Effektives Lesen – besser denken – schneller verarbeiten, Grafenau 1983

Frank, A. u. a.: Schlüsselkompetenzen – Schreiben in Studium und Beruf, Stuttgart 2007

Grotjahn, M.: Vom Sinn des Lachens, München 1974
Guzek, B. und G.: Schlaflose Nächte, in: Manager Magazin, Heft 1/1995, S. 156–161

Hecht, K. u. a. (Hg.): Schlaf, Gesundheit, Leistungsfähigkeit, Berlin 1993
Hein, E.: Gründe für den Studienabbruch, www.taz.de, vom 12.2.2018
Herder, von J.G./Reble, A.: Schulreden, Bad Heilbrunn 1962
Hoefert, H.W./Klotter, Ch.: Gesunde Lebensführung, Bern 2011

Jöns, J.: Erfolgreiche Gruppenarbeit, Wiesbaden 2015

Kiesewetter, J.G.: Lehrbuch der Hodegetik oder kurze Anweisung zum Studieren, Berlin 1811
Koeder, K.W.: Leading people, Marburg 2006
Koeder, K.W.: Studienmethodik, München 2012
Kruse, O.: Lesen und Schreiben, Stuttgart 2018
Kultusministerkonferenz (Hg.): Qualifikationsrahmen für deutsche Hochschulabschlüsse, 2017

Leitner, S.: So lernt man lernen, Freiburg 2011

Mittermeier, B.: Studienabbruch, Zeitcampus Online, 1.6.2017
Murphy, K.J.: Besser Zuhören – mehr Erfolg, Freiburg 1987
Moody, R.A.: Lachen! Über die heilende Kraft des Humors, Reinbek 1979

Oehlrich, M.: Wissenschaftliches Arbeiten und Schreiben, Wiesbaden 2019
o.V.: Studienabbrecher – Wer schmeißt hin und warum, www.spiegel.de, 1.6.2017
o.V.: Allgemeine Zeitung, Anzeigen-Veröffentlichung vom 9.4.2011
o.V.: Ausbildung & Beruf, Campus – Studieren 2011, S. 37

Piolot, P.: Abbrechen oder Weitermachen? Audimax, Heft 2/2019, S. 34–35
Plattner, I.: Sei faul und guter Dinge, München 2000
Preißner, A.: Wissenschaftliches Arbeiten, München 2012
Püschel, E.: Selbstmanagement und Zeitplanung, München 2017

Riedenauer, M./Tschirif, A.: Zeitmanagement und Selbstorganisation in der Wissenschaft, München 2012
Robinson F.: Effective Study, New York 1978
Rohleder, N.: Muße für Manager, in: Personalwirtschaft, Heft 5/2015, S. 32–35
Rost, F.: Lern- und Arbeitstechniken für das Studium, Berlin 2018
Roth, S.: Einfach aufgeräumt, Frankfurt 2007

Schnabel, U.: Muße, vom Glück des Nichtstuns, München 2010

Schraeder-Naef, R.D.: Rationeller Lernen, Weinheim 2017

Schüle, U.: Von Bologna nach Mainz, in: FH Mainz Forum, Heft 2/2005, S. 37–41

Soehring, M.: Gut kombiniert, Studenten können Bachelor und Master so wählen, wie es für sie am besten passt, in: Zeit Studienführer 2011/12, S. 114–115

Spitzer, M.: Lernen. Gehirnforschung und die Schule des Lebens, Darmstadt 2006

Spoun, S./Domnik, D.: Erfolgreich Studieren, München 2004

Schiefele, U./Köller, O.: Intrinsische und extrinsische Motivation, in: Handwörterbuch Pädagogische Psychologie, Weinheim 2001, S. 304 – 310

Straten, von M.: Schlaf gut! Leicht einschlafen – erholt erwachen, München 1993

Theisen, M. R.: Wissenschaftliches Arbeiten, München 2017

Torralba, R.: Die Kunst des Zuhörens, München 2007

Vester, F.: Denken, lernen, vergessen, München 2009

Vetter, G.: Mehr Lebensfreude durch positives Denken, München 1991

Vietze, I.: Die übermüdete Gesellschaft, München 2018

Walker, M.: Das große Buch vom Schlaf, München 2018

Walther, H.: Ohne Prüfungsangst studieren, Stuttgart 2015

Walther-Dumschat, S.: Mehr Erfolg bei Prüfungen und Klausuren, Heidenau 2003

Warnecke, I.: Prüfungsangst bewältigen, Stuttgart 2017

Weinstein, M.: Managing to have Fun, New York 1996

Zielke, W.: Schneller lesen – intensiver lesen behalten, München 1991

Stichwortverzeichnis